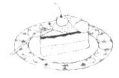

– *Werner Bockholt* –

Westfälischer Kaffeeklatsch

Backrezepte von Apfelkuchen bis Zuckerkuchen

Impressum

Westfälischer Kaffeeklatsch
Backrezepte von Apfelkuchen bis Zuckerkuchen
Realisation: Werner Bockholt
© Verlag Schnell, Oststraße 24, 48231 Warendorf
E-Mail: info@schnell-verlag.de
www.schnell-verlag.de
Druck: Burlage Druck + Einband GmbH, Warendorf
ISBN 978-3-87716-846-2
5. überarbeitete Auflage
Warendorf, Juni 2016

Inhalt A–Z

Vorwort *4*
Abkürzungen *8*

A *9*
B *34*
C *51*
E *55*
F *65*
G *79*
H *83*
I *89*
J *90*
K *93*
L *110*
M *112*
N *122*
O *127*
P *131*
Q *135*
R *137*
S *145*
T *168*
V *175*
W *177*
Z *183*

Register *190*

Vorwort

Das Kuchenbacken hat in Westfalen Tradition. Aber dazu gehörte natürlich immer ein entsprechender Anlass, der sich bei genauer Überlegung rasch finden ließ. Der Sonntagskuchen war früher nicht üblich, lediglich der obligatorische frische Rosinenstuten mit viel guter Butter war an einem Sonntag nicht wegzudenken. Daneben gab es gelegentlich, vor allem in den Wintermonaten, Eiserkuchen aus der Milchkanne, die auf Vorrat gebacken wurden.

In der Woche galt Kuchen als absoluter Luxus, lediglich wenn schwere körperliche Arbeit anlag, wurde schon mal Kuchen vom Blech gebacken und bei den Bauern beispielsweise direkt auf dem Feld verzehrt. So gab es, wenn die Kartoffeln auf dem Acker (mit der Hand) „gekratzt" wurden, zur Pause deftige Schnittchen mit Schinken und Mettwurst, Kaffee aus der Düppe und Kuchen vom Blech: entweder einen krümeligen Streuselkuchen, einen Pflaumenkuchen oder im Münsterland die charakteristische Appeltate.

Aber es gab auch Anlässe, da wurde nicht mit Kuchen gegeizt, und es wurde auf den Tisch „aufgefahren", was die hausfraulichen Fähigkeiten hergaben, etwa zu den großen Festtagen des Kirchenjahres wie Weihnachten, Ostern oder Pfingsten, zu Familienereignissen wie Taufe, Kommunion, Hochzeit oder Geburtstag. Im Münsterland galt besonders der Namenstag als Möglichkeit, sich an einen gedeckten Kaffeetisch zu setzen. Das Zauberwort für alle diese Veranstaltungen, die Verwandte wie Nachbarn gleichermaßen erfreuten, lautete „Kaffeeklatsch".

Vorwort

Wie der Name schon verrät, gab es bei dieser nachmittäglichen Aktion den obligatorischen Kaffee und den notwendigen kommunikativen Austausch mit Neuigkeiten und „alten Geschichten" aus der näheren und weiteren Verwandtschaft und Nachbarschaft. Die Qualität eines Kaffeeklatsches wurde dabei aber nicht nur von dem Bohnenkaffee, dem schön gedeckten Tisch mit dem oft in Westfalen gebräuchlichen Porzellan mit dem blauen Zwiebelmuster und dem Tratsch bestimmt, sondern in entscheidendem Maße von der Menge und Qualität des Kuchens und den Torten.

Gerade beim Kaffeeklatsch lebten die doch eher zurückhaltenden Westfalen auf, hier wurde nicht geknausert und gespart, hier beim Kaffeeklatsch kam auf den Tisch, was die Küche hergab. Und das waren in der Regel eine Riege von Torten und Kuchen, die den Tisch zur Tafel machten und den Kaffeeklatsch zu einem Erlebnis. Dazu gehörten Obsttorten, Cremetorten, Sahnetorten und für die Nimmersatten auch noch sogenannte feste Kuchen.

Früher gab es, auch aufgrund der begrenzten Möglichkeiten, ein fast festgelegtes Kuchenprogramm, das nur leicht variiert wurde, bestehend aus Schwarzwälder-Kirsch-Torte und Frankfurter Kranz, Buttercremetorten (Mokka oder Vanille), Käse-Sahne-Torte, Apfelkuchen und je nach Jahreszeit einen Obstboden.

Aber alles mit viel Sahne.

In der Gegenwart hat sich natürlich einiges verändert; der Kaffeeklatsch mit Bohnenkaffee und angeregter Unterhaltung im

Vorwort

trauten Kreis von Verwandten und Nachbarn ist geblieben, nur die Palette der Kuchen ist größer und umfangreicher geworden. Dabei ist es aber nicht üblich, tiefgefrorene Kuchen aus der Kühltruhe auf den Tisch zu bringen oder gar Teilchen vom Bäcker, sondern die Devise lautet auch heute noch: selbst backen. Zu den bereits angeführten traditionellen Kuchen und Torten haben sich eine Fülle von Rezepten hinzugesellt, die es heute ermöglichen, Backwaren auf den Tisch zu bringen, die etwa als „Modekuchen" bekannt sind oder die neuen Zutaten der internationalen Küche integrieren. Daneben spielen heute auch biologisch-ökologische Aspekte eine Rolle.

In dem vorliegenden Backbuch „Westfälischer Kaffeeklatsch" werden Kuchen- und Tortenrezepte in alphabetischer Reihenfolge wiedergegeben, die ein Spiegelbild des gegenwärtigen Kuchenbackverhaltens in Westfalen darstellen. Neben den traditionellen Rezepten sind auch zahlreiche zu finden, die gegenwärtig in Westfalen gebräuchlich sind. Dazu gehören natürlich auch süße Backwaren, die aus anderen geographischen Räumen stammen.

Allerdings ist mit dem Kuchenverzehr in der Regel der Kaffeeklatsch noch nicht beendet, anschließend gibt es oft noch einen selbstgemachten Aufgesetzten oder ein „Likörchen"; und wenn die Gäste dann Anstalten zum Aufbruch machen, kommen noch deftige und herzhafte Salate und Schnittchen mit der Bemerkung auf den Tisch, „Ihr könnt doch jetzt noch nicht gehen; ihr müsst wenigstens

Vorwort

probieren ..." Aber das ist schon das Thema eines anderen Kochbuches.

Für dieses Backbuch wurden Mütter, Großmütter und Tanten befragt, ihre Lieblingsrezepte, die zum Teil schon seit mehreren Generationen in den Familien gepflegt und weiterentwickelt wurden, wurden aufgeschrieben und, soweit nötig, aktualisiert.

Neben der Zusammenstellung der Rezepte aus den Familien, historische und auch aktuelle, wurden darüber hinaus alte handgeschriebene Kochbücher durchforstet, und es wurde gezielt nach Kuchenbackrezepten gesucht.

Dieses Kochbuch ist innerhalb eines Projektes einer 12. Jahrgangsstufe des Kardinal-von-Galen Gymnasiums und des Immanuel-Kant-Gymnasiums in Münster entstanden.

*Hier sind noch einige **Erklärungen** zu den **Abkürzungen**,
die in diesem Backbuch verwendet werden:*

Teelöffel: TL
Esslöffel: EL
Messerspitze: Msp.
Gramm: g
Kilogramm: kg
Milliliter: ml
Zentiliter: cl
Liter: l
Zentimeter: cm
Päckchen: Pck.
Tiefkühlkost: TK
gemahlen: gem.
gehackt: geh.
gerieben: ger.
gestrichen: gestr.

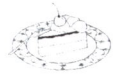

After-Eight-Torte

Teig: 100 g Margarine, 100 g Zucker, 5 Eier, 2 EL Rum, 100 g geraspelte Zartbitterschokolade, 200 g gem. Haselnüsse, 1 TL Backpulver.

Belag: 400 g After Eight, 750 g Sahne, 3 Pck. Sahnesteif.

20 Tafeln After Eight mit der Sahne aufkochen und über Nacht abkühlen lassen. Eier trennen. Margarine und Zucker schaumig schlagen. Nach und nach die Eigelbe unterrühren. Rum zufügen. Schokolade, Nüsse und Backpulver mischen und unterrühren. Steif geschlagene Eiweiße nach und nach unterheben.

Teig in eine mit Backpapier ausgelegte Form füllen und bei 180 °C ca. 25 Min. im vorgeheizten Backofen backen. Abkühlen lassen.

After-Eight-Sahne mit Sahnesteif steif schlagen und auf den Boden geben. Torte mit After-Eight-Tafeln garnieren.

Amarettokuchen mit Kirschen

Teig: 250 g Butter, 250 g Zucker, 1 Pck. Vanillezucker, 4 Eier, 1 Prise Salz, 3 EL Amaretto, 250 g Mehl, 2 TL Backpulver, 150 g gem. Mandeln.

Belag: 1 Glas Sauerkirschen, 2 EL Amaretto, Puderzucker.

Aus Butter, Zucker, Vanillezucker, den Eiern, Salz und Amaretto einen Teig herstellen. Mehl und Backpulver zugeben. Mandeln unterheben.
Die Hälfte des Teigs in eine gefettete Springform füllern. Darauf die abgetropften und gesüßten Sauerkirschen geben. Mit Amaretto beträufeln. Den übrigen Teig darübergeben.

Bei 175 °C ca. 60 Min. backen.
Nach dem Erkalten mit Puderzucker bestreuen.

Ambrosiatorte

*100 g ger. Mandeln, 150 g Zucker, 4 Eier,
2 EL Kirschwasser oder Apfelsinenlikör, 80 g Mehl, 60 g Butter,
4–5 EL Johannisbeergelee, geh. Mandeln.*

Mandeln mit dem Zucker, Eiern und Kirschwasser oder Apfelsinenlikör dicklich rühren. Mehl und zerlassene Butter darunterziehen. In eine gebutterte Form geben und bei milder Hitze ca. 40 Min. backen.

Johannisbeergelee erhitzen und einkochen lassen. Den kalten Kuchen damit reichlich bestreichen und mit gehackten Mandeln verzieren.

Ananas-Marzipankuchen

*200 g Marzipan-Rohmasse, 175 g Butter, 175 g Zucker,
1 Pck. Vanillezucker, 3 Eier, 300 g Mehl, 2 gestr. TL Backpulver,
200 g Ananasscheiben, Schokoladenguss.*

Marzipan, Butter, Zucker und Vanillezucker verrühren. Die
Eier trennen und die Eigelbe unterrühren. Mehl und Backpulver
vermischen, über den Teig sieben und unterrühren.
Die Ananasscheiben klein schneiden und unter den Teig geben.
In eine gefettete Kastenform füllen und bei 175–200 °C
ca. 60 Min. backen.

Nach dem Erkalten den Kuchen mit Schokoladenguss überziehen.

Ananastorte

*Teig: 3 Eier, 125 g Zucker, 1 Pck. Vanillezucker, 150 g Mehl,
1 TL Backpulver, ½ Zitrone.*

*Belag: 1 Dose Ananas in Stücken (klein), 1 Pck. Gelatine,
1 Becher Sahne, 1 Becher Crème fraîche.*

Verzierung: 1 Becher Sahne, 250 g gehobelte Mandeln.

Einen Biskuitteig herstellen: Eier, Zucker, Vanillezucker, Mehl, Backpulver und die abgeriebene Schale einer halben Zitrone verrühren.

*Den Teig in eine mit Backpapier ausgelegte Springform füllen.
Bei 175 °C ca. 20 Minuten backen.
Boden erkalten lassen und einmal durchschneiden. Ananasstücke auf dem unteren Boden verteilen. Gelatine nach Packungsvorschrift zubereiten und zu dem Ananassaft geben.
Sahne schlagen, Crème fraîche unterheben und die gelierende Masse dazugeben.
Die Masse über die Früchte geben.*

Den oberen Boden auflegen und die Torte mit geschlagener Sahne und gehobelten Mandeln verzieren.

Apfelkuchen

Teig: 250 g Mehl, 1 TL Backpulver, 100 g Zucker, 1 Pck. Vanillezucker, 1 Ei, 125 g Butter.

Füllung: 750 ml Apfelsaft und evtl. etwas Wein, 2 Pck. Vanillepuddingpulver, 100 g Zucker, 1 kg Äpfel.

Verzierung: Sahne, Mandelblättchen.

Aus Mehl, Backpulver, Zucker, Vanillezucker, Ei und Butter einen Mürbeteig herstellen.
Aus Apfelsaft, Puddingpulver und Zucker einen Pudding kochen.
Äpfel klein schneiden und unter den Pudding rühren.
Den Mürbeteig in einer gut gefetteten Springform verteilen.
Den Pudding auf dem Teig verteilen und 60 Min. bei 175 °C backen. Den Kuchen in der Springform abkühlen lassen.
Wenn der Kuchen genug abgekühlt ist, mit Sahne verzieren und mit gerösteten Mandeln bestreuen.

Feiner Apfelkuchen

*Teig: 200 g weiche Butter, 150 g Zucker, 4 Eier,
3 EL Zitronenschale, 200 g Mehl.*

*Belag: 200 ml Wasser, 75 g Zucker, 1 EL Zitronenschale,
3 EL Zitronensaft, 1 Zimtstange, 500 g säuerliche Äpfel,
100 g Rosinen.*

Zum Bestreuen: Zimt, Puderzucker.

Wasser mit 75 g Zucker, 1 EL Zitronenschale, Zitronensaft und der Zimtstange aufkochen, vom Herd nehmen.
Äpfel schälen, entkernen und in Spalten schneiden. Sofort in die Flüssigkeit geben, nochmals aufkochen und zugedeckt ca. 2 Minuten köcheln lassen.
Für den Teig Butter mit 150 g Zucker schaumig schlagen. Eier und 3 EL Zitronenschale unterrühren, Mehl darübersieben und untermischen. Die Hälfte des Teigs in einer gefetteten, mit Semmelbröseln ausgestreuten Springform glattstreichen. Gut abgetropfte Äpfel ohne die Zimtstange mit den Rosinen mischen, auf den Teig geben und verteilen. Mit dem übrigen Teig bedecken.

Im vorgeheizten Backofen bei 175 °C ca. 40 Minuten backen.
Vor dem Servieren mit Puderzucker und einem Hauch Zimt bestreuen.

Gedeckter Apfelkuchen

350 g Mehl, 125 g Butter, 150 g Zucker, 1 Ei, ½ Pck. Backpulver, etwas Milch, 6 Äpfel, Zitronensaft, 3 EL Rosinen, 3 EL Zucker, 1 Msp. Zimt, Paniermehl, Zucker.

Aus Mehl, Butter, Zucker, Ei, Backpulver und etwas Milch einen Teig herstellen.
Diesen kühl stellen und ruhen lassen. Die geschälten und entkernten Äpfel in dünne Scheiben schneiden, mit etwas Zitronensaft beträufeln und den gewaschenen Rosinen sowie Zucker und Zimt vermischen.
Aus der Hälfte des Teigs einen dünnen Boden rollen und in die eingefettete und mit Paniermehl bestreute Kuchenform geben. Den Teig am Rand hochziehen. Die Apfel-Rosinen-Masse auf den Boden geben. Den übrigen ausgerollten Teig darübergeben. Mit Zucker bestreuen.

Bei 175 °C ca. 60 Min. backen.

Münsterländischer Apfelkuchen

*500 g Butter, 200 g Zucker, 2 Prisen Salz, 2 Pck. Vanillezucker,
7 Eier, 500 g Mehl, 300 g gem. Mandeln, 200 g Speisestärke,
2 Pck. Backpulver, 250 ml Milch, 1 kg Äpfel, 50 g Rosinen,
1 EL Weinbrand, 2 Prisen Zimt.*

*Butter mit 150 g Zucker schaumig schlagen. Salz und Vanillezucker
unterrühren. Nach und nach die Eier zugeben. Mehl, Mandeln,
Stärke und Backpulver vermengen und über die Masse sieben.
Unter Rühren die Milch hinzufügen.*

*Eine Springform fetten, mit Semmelbröseln ausstreuen und ⅔ des
Teiges in der Form verteilen, auch den Rand hochziehen.
Die Äpfel schälen, die Kerne entfernen und klein schneiden. Mit
Rosinen, Weinbrand und Zimt vermengen und auf den Teigboden
geben.
Restlichen Teig ausrollen und den Kuchen abdecken. Restlichen
Zucker auf den Kuchen streuen und bei 175 °C goldgelb backen.*

Kinderleichter Apfelkuchen

Semmelbrösel, 4 Eier, 200 g Zucker, 200 g Margarine, 500 g Mehl, 2 TL Backpulver, 8 Äpfel, Zimt, Zucker.

Eier, 200 g Zucker und Margarine in einer Schüssel verrühren.
Mehl und Backpulver dazugeben.
Den Teig auf ein gefettetes Backblech geben, das vorher mit Semmelbröseln bestreut wurde.
Die Äpfel schälen, in Scheiben schneiden und auf den Teig legen.
Dick mit Zucker und Zimt bestreuen.
30 Min. bei 180 °C backen.

Rahm-Apfelkuchen

100 g Quark, 4 EL Milch, 4 EL Öl, 2 EL Zucker, 1 Prise Salz, 200 g Mehl, ½ Pck. Backpulver, 1 kg Äpfel, Zitronensaft, 2 Eier, 2 EL Zucker, 1 Becher Sahne, Puderzucker.

Den Quark durch ein Sieb drücken, mit Milch, Öl, Zucker und Salz verrühren. Mehl und Backpulver dazugeben und einen Teig kneten. Diesen ausrollen und in eine gefettete Springform geben. Den Rand hochdrücken.
Die Äpfel schälen, vierteln und entkernen, der Länge nach einritzen, mit Zitronensaft beträufeln und auf den Teig legen. Die Eier mit dem Zucker und der Sahne verrühren. Über die Äpfel gießen.

Bei 175 °C ca. 30 Min. backen. Nach dem Abkühlen mit Puderzucker bestreuen.

Feiner Apfelkuchen mit Rahm

125 g Butter, 125 g Zucker, 3 Eier, 1 Prise Salz, 1 TL Zitronensaft, 250 g Mehl, ½ Pck. Backpulver, etwas Vollmilch, 6 Äpfel, 1 Becher Crème fraîche, Puderzucker.

Die Butter schaumig rühren. Zucker, Eier, Salz und Zitronensaft hinzugeben. Mehl und Backpulver zugeben und nach Bedarf etwas Milch. Den Teig in eine gefettete Springform füllen.
Die geschälten und geviertelten Äpfel der Länge nach einritzen und auf den Teig geben.

Bei 175 °C ca. 45 Min. backen. Nach 15 Min. die Crème fraîche über den Kuchen geben und weiter backen.
Nach dem Erkalten mit Puderzucker bestäuben.

Deftiger westfälischer Apfelkuchen

*250 g Butter, 200 g Zucker, 3 Eier, 1 Prise Salz,
2 EL Zitronensaft, 250 g Mehl, 1 Pck. Backpulver, 5 Äpfel,
50 g Rosinen, 1 Schnapsglas Rum, 50 g geh. Haselnüsse,
1 Scheibe Pumpernickel, 1 Msp. Zimt, Puderzucker, Zitronensaft.*

*Die Butter schaumig rühren, Zucker, Eier, Salz, Zitronensaft,
Mehl und Backpulver zugeben. Die Hälfte des Teigs in eine gefette
Springform geben.
Die geschälten, entkernten und in Stücke geschnittenen Äpfel, die
gewaschenen und mit Rum getränkten Rosinen, die gehackten
Haselnüsse, den zerbröselten Pumpernickel und den Zimt auf den
Teig geben. Die zweite Hälfte des Teigs darübergeben.*

*Bei 175 °C ca. 60 Min. backen. Puderzucker und Zitronensaft
vermischen und über den Kuchen streichen.*

Westfälischer Apfel-Streusel-Kuchen

250 g Butter, 250 g Zucker, 2 Eier, 1 Pck. Vanillezucker, 1 Prise Salz, 500 g Mehl, 1 Pck. Backpulver, 6 Äpfel, etwas Zucker, etwas Cidre, etwas Paniermehl.

Die Butter schaumig rühren. Zucker, Eier, Vanillezucker und Salz hinzugeben. Das Mehl mit dem Backpulver so unterheben, dass ein krümeliger Teig entsteht.
Die Hälfte davon in eine gefettete Springform geben, den Rand etwas hochdrücken, mit Paniermehl bestreuen.
Die geschälten und entkernten Äpfel in Scheiben schneiden, auf den Teig geben, etwas Zucker zugeben und mit Cidre beträufeln. Den Rest der Streusel darübergeben.

Bei 175 °C ca. 60 Min. backen.

Apfelweintorte

Teig: 125 g Butter, 250 g Mehl, 2 TL Backpulver, 125 g Zucker, 1 Pck. Vanillezucker, 1 Ei, 100 g gehobelte Mandeln, Zimt.

Füllung: 10 große Äpfel, 1 Tasse Wein, 125 g Zucker, 1 Pck. Vanillepudding, 2 Becher Sahne.

Aus den Zutaten einen Knetteig herstellen und für 2 Böden halbieren.
Die ausgerollten Böden mit Zucker, Zimt und 100 g gehobelten Mandeln bestreuen.
In einer Springform bei 190 °C ca. 30 Minuten hell backen.
Den ersten Boden noch heiß in Tortenstücke schneiden und den zweiten Boden backen. Für die Füllung 10 große Äpfel in Stücke schneiden, mit einer Tasse Wein und 125 g Zucker aufkochen. Mit 1 Pck. Vanillepudding andicken und erkalten lassen.
2 Becher Sahne schlagen, Äpfel auf den Boden geben, die Sahne darüberstreichen und die geschnittenen Tortenstücke auflegen. Einen Tag vor dem Verzehr zubereitet schmeckt der Kuchen am besten.

Apfelsinenkuchen

*250 g Butter, 200 g Zucker, 4 Eier (getrennt),
Saft von 2 Apfelsinen, 10 g Orangenschalen-Aroma,
450 g feiner Weizenschrot, ½ Pck. Backpulver.*

*Fett mit Zucker schaumig rühren. Eigelbe nach und nach zugeben, ebenfalls den Apfelsinensaft. Den mit Backpulver gemischten Schrot und das Orangenschalen-Aroma unterrühren. Zum Schluss die steif geschlagenen Eiweiße locker unterziehen.
Die Masse in eine ausgefettete Kastenform füllen und im vorgeheizten Backofen ca. 45 Min. bei 200–220 °C backen.*

Einfacher Apfelsinenkuchen

Teig: 200 g Butter, 200 g Zucker, 3 Eier, 1 Prise Salz, 250 g Mehl, 2 EL Backpulver, Saft einer Orange, ger. Orangenschale.

Guss: 100 g Puderzucker, 1 EL Wasser, 1 EL Grand Marnier, 3 EL Orangensaft, ger. Orangenschale.

Zum Garnieren: 3 Orangenscheiben.

Die Butter schaumig rühren, Zucker unterrühren. Eier und Salz hinzufügen. Das mit Backpulver vermischte und gesiebte Mehl unterrühren. Saft einer Orange und geriebene Orangenschale zugeben.
Den Teig in eine gefettete Kastenform füllen und bei 175 °C ca. 60 Min. backen.
Puderzucker, Wasser, Grand Marnier, Orangensaft und geriebene Orangenschale verrühren. Nach dem Erkalten des Kuchen diesen damit überziehen.

Mit Orangenscheiben garnieren.

Münsterländischer Apfelstrudel mit Pumpernickel-Sahne-Füllung

250 g fertiger Strudelteig, 3 große Äpfel, 80 g Butter, 80 g Zucker,
50 g Rosinen, 3 EL geh. Nüsse, 3 EL geh. Mandeln,
1 Becher Schmand, 4 Eier, 2 Scheiben Pumpernickel,
etwas Butter, Puderzucker.

Äpfel schälen, entkernen, in kleine Stücke schneiden. Zucker in Butter auflösen. Äpfel hinzugeben, erwärmen und 10 Min. schwach köcheln lassen. Rosinen, Nüsse, Mandeln hinzugeben, kurz erhitzen und abkühlen lassen.
Schmand mit den Eiern zu einer Creme verrühren und den zerbröselten Pumpernickel dazugeben. Mit der Apfelmasse vermischen, auf den Strudelteig geben, zusammenrollen, mit flüssiger Butter bestreichen und bei 180 °C ca. 30 Min. backen.

Nach dem Abkühlen mit Puderzucker bestreuen.

Münsterländische Appeltate

*250 g Butter, 200 g Zucker, 1 Pck. Vanillezucker, 4 Eier,
2 TL Backpulver, 250 g Mehl, 1 kg Äpfel, 1 TL Zimt,
100 g Puderzucker, 2 EL Wasser, 3 EL Zitronensaft.*

*Butter schaumig rühren. Zucker, Vanillezucker und Eier zugeben.
Dann das mit Backpulver vermischte und gesiebte Mehl unterheben.
Die Äpfel schälen, vierteln, entkernen und achteln.
Die Hälfte des Teig in eine gefettete Springform füllen und
glattstreichen. Die Apfelstücke darauf verteilen. Mit Zimt bestreuen.
Den restlichen Teig darübergeben. Bei 180 °C ca. 60 Min. backen.*

*Puderzucker mit Wasser und Zitronensaft verrühren.
Nach dem Erkalten den Kuchen damit bestreichen.*

Aprikosenkuchen

*200 g Butter, 150 g Zucker, 3 Eier, 200 g Mehl,
1 TL Backpulver, 1 Pck. Zitronenzucker, 1 Dose Aprikosen,
100 g gehobelte Mandeln, 2 EL Zucker.*

Butter, 150 g Zucker und Eier schaumig rühren. Mehl, Backpulver und Zitronenzucker dazugeben und cremig rühren. Den fertigen Teig auf ein gefettetes Backblech streichen, mit Aprikosen belegen und Mandeln und Zucker darüberstreuen.

Bei 150 °C ca. 30 Min. backen.

Aprikosenstreuselkuchen

*200 g Butter, 150 g Zucker, 1 Pck. Vanillezucker, 1 Ei,
1 Prise Salz, 500 g Mehl, 1 Pck. Backpulver, 1 Dose Aprikosen,
etwas Orangenlikör.*

*Die Butter schaumig schlagen. Zucker und Vanillezucker dazugeben, ebenso das Ei und das Salz. Das Mehl mit dem Backpulver verrühren und einen krümeligen Teig herstellen. Die Hälfte des Teigs in eine gefettete Springform füllen. Die Ränder leicht hochdrücken. Die Aprikosen abtropfen lassen, auf den Teig geben und mit Orangenlikör beträufeln.
Den übrigen Teig über die Früchte krümeln.*

Bei 175 °C ca. 60 Min. backen.

A

Aprikosen-Marzipan Torte

Biskuitboden: 3 Eier, 4 EL warmes Wasser, 100 g Mehl, 1 TL Backpulver, 1 Pck. Vanillezucker, 80 g ger. Mandeln.

Füllung: 500 ml Sahne, 3 TL Zucker, 3 Blatt Gelatine, 100 g Marzipan, 80 g Puderzucker, 1 Dose Aprikosen.

Guss: 125 ml Wein, 1 ½ Pck. Tortenguss, 3 EL Zucker, 2 EL Zitronensaft.

Verzierung: Sahne, Mandeln.

Aus den angegebenen Zutaten einen Biskuitteig herstellen und bei 200 °C ca. 15–20 Min. backen. Die Gelatine mit etwas Aprikosensaft auflösen. Die Sahne mit dem Zucker steif schlagen und die Gelatine unterziehen.

Den Biskuitboden in zwei gleich große Böden teilen und mit der Hälfte der geschlagenen Sahne bestreichen. Das Marzipan mit dem Puderzucker verkneten, ausrollen und auf die Sahne geben. Den Marzipanboden mit der anderen Hälfte der geschlagenen Sahne bestreichen und den zweiten Boden drauflegen. 1 Dose abgetropfte Aprikosen auflegen.
Den Tortenguss aus den obigen Zutaten herstellen und über die Aprikosen geben.
Den Tortenrand mit Sahne bestreichen und mit Mandeln verzieren.

Aprikosen-Quark-Kuchen

Teig: 500 g Mehl, 1 Pck. Trockenhefe, 250 ml Milch, 100 g Zucker, 3 Eier, 1 Prise Salz, 80 g Butter.

Belag: 3 Eier, 125 g Zucker, 1 Pck. Vanillezucker, 1 Zitrone, 500 g Quark, 75 g Grieß, 1 Eiweiß, 1 große Dose Aprikosen, 1 Eigelb, 2–3 EL Hagelzucker.

Mehl und Hefe in einer Schüssel vermischen.
Die lauwarme Milch, Zucker, Eier, Salz und das nicht mehr heiße, flüssige Fett verquirlen und zum Mehl-Hefe-Gemisch geben.
Daraus einen Teig kneten.
Ein großes Backblech einfetten und ⅔ des Teiges auf dem Blech ausrollen. Die Ränder fest andrücken.
Den mit einem Tuch bedeckten Teig 20–30 Min. gehen lassen.

In der Zwischenzeit wird der Belag vorbereitet.

Eigelbe, Zucker und Vanillezucker und die abgeriebene Schale einer Zitrone schaumig schlagen.
Quark, Zitronensaft und Grieß unterrühren.
4 Eiweiß zu steifem Eischnee schlagen und ihn unter die Quarkmasse heben.
Nun die Masse auf dem Hefeboden verstreichen und die Aprikosen in den Quark drücken.
Den restlichen Teig ausrollen, so dass er ca. ½ cm dick ist.

A

Aus dem Teig 1 cm breite Streifen rausradeln.
Den Kuchen mit den Streifen in Gitterform belegen.
Die Streifen mit Eigelb bestreichen und mit Hagelzucker bestreuen.

Den Kuchen im vorgeheizten Backofen 30–40 Minuten bei 200 °C backen und auf dem Backblech abkühlen lassen.

Versunkene Aprikosentorte

100 g Butter, 100 g Zucker, 1 Pck. Vanillezucker, 2 Eier, 200 g Mehl, 50 g Speisestärke, 2 TL Backpulver, 3 EL Milch, 500 g Aprikosen, Puderzucker zum Bestreuen.

Alle Zutaten für den Teig in eine Schüssel geben und mit dem Handrührgerät gut verrühren. Teig in eine gefettete Springform geben und glattstreichen.
Aprikosenhälften mit der Schnittfläche nach unten darauflegen und ca. 50 Min. bei 175 °C backen.

10 Min. abkühlen lassen und danach aus der Springform lösen. Mit Puderzucker bestreuen.

Baiser-Torte

Teig: 75 g Margarine, 75 g Zucker, 4 Eier, 100 g Mehl, 1 EL Backpulver, 3 TL Milch, 1 Pck. Vanillezucker.

Creme: 250 ml Wasser, 300 g Zucker, Saft von 4 Zitronen, 5 TL Speisestärke, 500 ml Sahne.

Die Eier trennen. Aus Margarine, Zucker, Eigelben, Mehl, Backpulver, Milch und Vanillezucker einen Rührteig herstellen. Den Teig in eine gefettete Springform geben.

Eiweiße steif schlagen.
150 g Zucker einrieseln lassen und dann die Masse auf den Rührteig geben. Bei Bedarf das Ganze noch mit Mandelblättchen bestreuen und 60 Min. bei 180–200 °C backen.
Den Teig, nach dem Backen, waagerecht durchschneiden, so dass 2 Böden entstehen.
Wasser, 150 g Zucker, Zitronensaft mit Speisestärke andicken und geschlagene Sahne unterziehen.
Unteren Boden mit der Creme bestreichen und den zweiten Boden mit der Baiserschicht nach oben daraufsetzen.

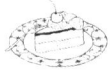

Barbarakuchen

Teig: 200 g Butter, abgeriebene Zitronenschale, 250 g Zucker, 4 Eier, 125 g Mehl, 125 g Speisestärke, ½ TL Backpulver.

Guss: 150 g Puderzucker, 4 EL Zitronensaft.

Belag: rote Belegkirschen.

*Weiches Fett und alle Backzutaten in eine Schüssel geben und gut verrühren. Eine Kastenform mit Backpapier auslegen und einfetten. Teig einfüllen und ca. 90 Min. bei 175 °C backen.
Kuchen kurz abkühlen lassen, dann aus der Form nehmen. Zitronensaft mit dem Puderzucker anrühren. Den Guss über den noch warmen Kuchen geben und mit Kirschen verzieren.*

Baumkuchen

Teig: 250 g Butter, 200 g Zucker, 1 Pck. Vanillezucker, 5 Eigelb, 2 EL Rum, 100 g Mehl, 100 g Schmelzflocken, 50 g Stärkemehl, 3 TL Backpulver, 5 Eiweiß.

Guss: 150 g Zartbitter-Kuvertüre.

Aus den Zutaten einen Rührteig mixen, zuletzt die steif geschlagenen Eiweiße unterheben.
Eine Kastenform einfetten und mit Backpapier auslegen.
1 EL Teig ausstreichen und auf unterster Stufe ca. 1 ½–3 Minuten bei 175 °C hellbraun backen.
Auf die gebackene Schicht wieder 1 EL Teig streichen und backen.
Diesen Vorgang so oft wiederholen, bis der Teig aufgebraucht ist.
Den fertigen Kuchen nochmals 5 Min. backen, anschließend stürzen und das Backpapier abziehen.

Den Kuchen mit der Kuvertüre überziehen.

Baumkuchentorte

Teig: 250 g Butter, 250 g Zucker, 1 Pck. Vanillezucker, 2 Eier, 4 Eigelb, 3 EL Orangenlikör, 175 g Mehl, ½ Pck. Backpulver, 4 Eiweiß, 200 g Zartbitter-Kuvertüre, 2 EL Orangenlikör.

*Aus Butter, Zucker, Vanillezucker, Eiern, Eigelben, Orangenlikör, Mehl und Backpulver einen Teig rühren.
Eiweiße zu Eischnee schlagen und vorsichtig unterheben.
In eine mit Backpapier ausgelegte Springform jeweils 2 EL Teig verteilen und 8 Min. bei 175 °C backen.
Vorgang wiederholen, bis der Teig verbraucht ist.
Über den Kuchen einen Schokoladenguss ziehen. Dazu die Schokolade im Wasserbad schmelzen. Den Orangenlikör zugeben und über dem Kuchen verteilen.*

Bienenstich

Teig: 100 g Butter, 2 Eier, 100 g Zucker, 250 g Mehl,
1 Pck. Backpulver, bei Bedarf etwas Milch, 1 Prise Salz.

Belag: 75 g Butter, 75 g Zucker, 1 Pck. Vanillezucker,
100 g gehobelte Mandeln.

Füllung: 1 Pck. Puddingpulver Vanille zum Kochen,
500 ml Milch, 40 g Zucker, 500 ml Sahne.

Aus Butter, Eiern, Zucker, Mehl und Backpulver einen Teig herstellen. Mit Salz würzen und bei Bedarf die Milch hinzugeben. Den Teig in eine Springform geben.
Die Butter auslassen, Zucker, Vanillezucker und die gehobelten Mandeln hinzugeben. Über dem Teig verteilen.

Bei 180 °C ca. 30 Min. backen. Den Kuchen erkalten lassen, durchschneiden und mit der Creme füllen.
Dazu 1 Pck. Puddingpulver Vanille nach Anleitung mit 500 ml Milch und 40 g Zucker zubereiten, abkühlen lassen. Die geschlagene Sahne unterheben und in der Kuchenform auf den unteren Teil des Kuchens geben. Den oberen Teil des Kuchens daraufsetzen.

Gedeckter Birnenkuchen

*Teig: 150 g Butter, 150 g Zucker, 3 Eier, 300 g Mehl,
3 TL Backpulver, 125 ml Milch, 100 g zerböckelte Schokolade,
1 EL Kakao, 4 EL Haferflocken, 1 EL Rum,
etwas Zimt und Muskat, 1 kg reife Birnen.*

*Butter, Zucker und Eier schaumig rühren. Mehl und Backpulver abwechselnd mit der Milch unterrühren. Dann Schokolade, Kakao, Haferflocken, Rum und Gewürze daruntermischen. ⅔ des Teiges in eine gefettete Springform geben.
Birnen schälen, halbieren, Kerngehäuse entfernen und leicht in den Teig drücken. Den restlichen Teig darüber füllen.
Bei 190–200 °C ca. 60 Min. backen.*

Biskuitrolle mit frischen Erdbeeren

4 Eigelb, 4 EL lauwarmes Wasser, 125 g Zucker,
1 Pck. Vanillezucker, 4 Eiweiß, 70 g Mehl, 70 g Speisestärke,
½ Pck. Backpulver, 2 Becher Sahne, 75 g Puderzucker,
500 g frische Erdbeeren.

Eigelbe mit Wasser, Zucker und Vanillezucker schaumig schlagen. Den steif geschlagenen Eischnee unter die Creme heben. Mehl, Speisestärke und Backpulver mischen und darübergeben. Vorsichtig unterheben. Den Teig auf ein mit Backpapier belegtes Backblech streichen.
Bei 200 °C ca. 15 Min. backen.
Nach dem Backen den Biskuit auf ein zuckerbestreutes Küchentuch stürzen. Biskuit vorsichtig locker mit dem Küchentuch aufrollen und erkalten lassen.
Sahne mit Puderzucker schlagen. Die gesäuberten und klein geschnittenen Erdbeeren unterheben.

Die Biskutrolle vorsichtig abrollen, mit der Erdbeersahne füllen, wieder aufrollen und mit Puderzucker bestreuen.

Bischofsbrot

*3 Eiweiß, 60 g Zucker, 5 Eigelb, 50 g kandierte Früchte,
etwas Rum, 20 g geh. Walnüsse, 20 g Rosinen, 90 g Mehl,
40 g zerlassene Butter, Zitronenschale, Vanillezucker, etwas Salz.*

*Die kandierten Früchte mit etwas Rum marinieren.
Die Eiweiße mit etwas Zucker zu Schnee schlagen. Eigelbe mit
Zitronenschale, Vanillezucker, Salz und dem restlichen Zucker
schaumig rühren. Schnee unterziehen.
Kandierte Früchte, Rosinen, Walnüsse, Mehl und zerlassene
Butter unterrühren.*

*In einer gebutterten und gemehlten Form bei 180 °C
ca. 35 Min. backen*

Bischofstorte

Teig: 125 g Butter, 125 g Zucker, 3 Eier,
100 g ger. Zartbitterschokoladen, 2 TL Zimt,
100 g ger. Haselnüsse, 1 TL Backpulver.

Belag: 1 Glas Sauerkirschen, 50 g Stärke, 2 EL Rum,
1 Pck. Mousse au Chocolat.

Eier trennen. Zucker mit Butter und Eigelben schaumig schlagen. Schokolade und Zimt zugeben. Nüsse mit Backpulver vermengen und unterrühren. Eiweiße steif schlagen und den Eischnee unter den Teig heben.

Den Teig 45 Min. bei 150 °C backen.

Kirschen mit Stärke und Rum andicken und auf den Boden geben. Mousse au Chocolat nach Vorschrift zubereiten und auf dem Kuchen verstreichen.

Leichte Biskuittorte

*Boden: 4 Eiweiß, 4 EL Wasser, 150 g Zucker, 1 Prise Salz,
4 Eigelb, 150 g Mehl, 50 g Speisestärke, 1 ½ TL Backpulver,
2 EL Kakao, 1 EL flüssige Butter.*

*Creme: 250 ml Milch, 1 EL Zucker, Schale einer halben Zitrone,
2 EL Speisestärke, 125 g Margerquark, 125 g Butter,
100 g Puderzucker, 1 Glas Preiselbeeren.*

Verzierung: Schokoraspeln.

*Für den Boden Eiweiße mit Wasser steif schlagen, unter Rühren
Zucker und Salz hinzugeben und dann die Eigelbe verquirlt
unterziehen.
Mehl mit Speisestärke, Backpulver und Kakao vermischen und
langsam untermischen. Zuletzt die Butter in den Teig rühren.
Springformboden mit Backpapier auslegen, den Teig einfüllen,
glattstreichen und 35–40 Min. bei 180 °C backen.*

*Für die Creme Milch, Zucker, Zitronenschale und Speisestärke in
einem Topf verrühren.
Das Ganze erhitzen, unter Rühren aufkochen und dann abkühlen
lassen. Den Quark unterrühren.
Butter und Puderzucker schaumig rühren und esslöffelweise die
Milch-Quark-Masse daruntermischen.*

B

Die Creme kurz kalt stellen.
Den Boden nach dem Abkühlen durchschneiden.
Einen Boden mit ⅔ der Creme füllen und die Preiselbeeren darübergeben.
Den anderen Boden daraufsetzen und die restliche Creme auftragen.

Mit Schokoraspeln verzieren.

Blitzkuchen

200 g Margarine, 150 g Zucker, 1 Pck. Vanillezucker, 4 Eier, einige Tropfen Bittermandelaroma, 250 g Mehl, 1 TL Backpulver, 50 g Butter, 50 g Zucker.

Margarine, 150 g Zucker, Vanillezucker, Eier und Bittermandelaroma schaumig rühren. Mehl und Backpulver vermischen und unter den Teig geben.
Backblech einfetten und den Teig gleichmäßig daraufstreichen.
Mit 50 g Zucker bestreuen und Butterflöckchen darauf verteilen.

Den Kuchen 20 Min. bei 200 °C backen.

Brottorte

*150 g Zucker, 10 Eigelb, 150 g ger. Mandeln,
10 bittere ger. Mandeln, 1 Msp. Gewürznelken (fein gestoßen),
1 Msp. Zimt, etwas abgeriebene Zitronen- und Apfelsinenschale,
2 EL Kakaopulver, 5 Eiweiß, 70–80 g Schwarzbrot, etwas Rum,
1 EL Mehl, 1 TL Backpulver, Himbeermarmelade.*

*Zucker und Eigelbe dickschaumig rühren. Geriebene Mandeln,
Gewürznelken, Zimt, Zitronen- und Apfelsinenschale und
Kakaopulver hinzufügen. Eiweiße zu festem Schnee schlagen und
zusammen mit dem mit Rum angefeuchteten und geriebenen
Schwarzbrot unterheben.
Mehl und Backpulver hinzufügen. In einer gebutterten Tortenform
bei mäßiger Hitze 60 Min. backen.*

*Nach dem Erkalten kann man die Torte mit Himbeermarmelade
füllen oder mit einer Rumglasur überziehen.*

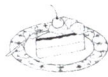

Buchweizenwaffeln

*200 g Butter, 200 g feiner Zucker, 1 Pck. Vanillezucker,
4 Eier, 1 Prise Salz, 2 EL Rum, 150 g Mehl, 50 g Buchweizenmehl,
1 TL Backpulver, ggf. etwas Milch, Puderzucker zum Bestreuen.*

*Aus den Zutaten einen Teig herstellen.
Diesen portionsweise in ein mit Öl eingefettetes Waffeleisen geben
und goldbraun backen.*

Mit Puderzucker bestreuen.

Schneller Butterkuchen

Teig: 250 g Sahne, 250 g Zucker, 1 Pck. Vanillezucker, 4 Eier, 300 g Mehl, 1 Pck. Backpulver, 1 Prise Salz.

Belag: 125 g Butter, 250 g Zucker, 1 Pck. Vanillezucker, 4 EL Milch, 200 g Mandelstifte.

Sahne, Zucker, Vanillezucker und Eier gut verrühren und dann die restlichen Zutaten unterrühren. Den Teig auf ein gut gefettetes und bemehltes Backblech streichen.
10 Min. bei 200 °C backen.

In der Zwischenzeit für den Belag weiche Butter, Zucker, Vanillezucker und Milch verrühren. Die Mandeln dazugeben. Den Belag auf dem halb gebackenen Teig verteilen und nochmals 10 Min. bei 200 °C backen.

Butterkuchen

Teig: 1 Pck. Backpulver, 3 Tassen Mehl, 2 Tassen Zucker, 3 Eier, 1 Becher saure Sahne.

Belag: 3 Tassen Butter, 1 Tasse Mandeln, 6 EL Milch.

*Zucker mit den Eiern schaumig schlagen, Mehl und Backpulver vermengen und unterrühren. Saure Sahne dazugeben.
In eine gefettete Springform geben und bei 175 °C 12 Minuten backen.
Butter, Mandeln und Milch vermischen und kurz aufkochen lassen. Auf den Boden geben und bei 200 °C noch einmal 12 Minuten backen.*

Münsterländischer Butterkuchen vom Blech

Teig: 1 Pck. Hefe, etwas Milch, etwas Wasser, 500 g Mehl, 1 Ei, 100 g Zucker, 1 Prise Salz, 2 EL Zitronensaft, 125 g Butter.

Zum Bestreichen: 1 Ei, 250 g gehobelte Mandeln, 100 g Zucker, 1 TL Zimt.

Die Hefe in etwas Milch und Wasser auflösen. Das Mehl in eine Rührschüssel geben, in die Mitte eine Mulde drücken. Die Hefe hineingeben. Gehen lassen. Zu dem Mehl und der Hefe den Zucker, das Ei, das Salz und den Zitronensaft geben. Die ausgelassene Butter dazugeben. Den Teig kneten, bis er Blasen wirft und dann gehen lassen.
Auf ein gefettetes Backblech geben, kurz gehen lassen und mit verquirltem Ei bestreichen.
Die Mandeln mit Zucker und Zimt vermischen und auf dem Teig verteilen.

Bei 180 °C ca. 30 Min. backen.

Champagnercremetorte

Teig: 2 Eigelb, 2 EL Wasser, 70 g Zucker, 1 Pck. Vanillezucker, 2 Eiweiß, 30 g Zucker, 75 g Mehl, 1 TL Backpulver.

Füllung: 3 Eigelb, 70 g Zucker, 1 Pck. Vanillezucker, 1 Glas Champagner, 1 Pck. Gelatine, 2 Becher Sahne, 3 Eiweiß.

Verzierung: Weintrauben, 1 Becher Sahne.

Eigelbe und Wasser schaumig schlagen, Zucker und Vanillezucker zugeben. Eine cremige Masse schlagen. Eiweiße zu Eischnee schlagen. Zucker zugeben und den Eischnee unter die Eigelbcreme heben.
Das Mehl und das Backpulver langsam unterheben. Den Teig in eine mit Backpapier ausgelegte Springform geben.
Bei 175 °C ca. 20 Min. backen.

Für die Füllung die Eigelbe mit Zucker und Vanillezucker schaumig rühren. Champagner dazugeben. Die aufgelöste Gelatine dazugeben und kalt stellen. Die Sahne schlagen. Eiweiße zu Eischnee schlagen und zu der Sahne geben. In die gelierende Creme geben.
Boden durchschneiden und die Creme auf den unteren Boden geben. Oberen Boden draufsetzen. Mit geschlagener Sahne und hellen und dunklen Weintrauben verzieren.

Champagner-Mango-Torte

Boden: 1 dünner Mürbeteigboden.

Teig: 3 Eier, 100 g Zucker, 150 g gem. Mandeln, 100 g geh. Schokolade, 1 Prise Salz, Zitronenaroma, Vanillearoma, Zwieback.

Zum Bestreichen: Aprikosenmarmelade.

Belag: 1 große Dose Mangos, 1 Pck. Aranca-Maracuja-Pulver, 200 ml Champagner, 4 Blatt Gelatine, 2 Becher Sahne.

Verzierung: 2 Becher Sahne, 1 Pck. Vanillezucker, 3 Blatt Gelatine.

Die Eier mit dem Zucker schaumig schlagen. Mandeln, Schokolade und Gewürze untermengen. Eine gefettete Springform mit Zwiebackbröseln ausstreuen, den Teig einfüllen und bei 175 °C ca. 20 Minuten backen.
Den Mürbeteigboden mit Aprikosenmarmelade bestreichen, den Schokoboden drauflegen und ebenfalls mit Marmelade bestreichen.

Die in Spalten geschnittenen Mangos auf den oberen Boden legen. Ein paar Spalten zum Verzieren zur Seite legen.
Zwei Becher Sahne steif schlagen und vier Blatt Gelatine einweichen und auflösen.

Das Maracuja-Pulver mit dem Champagner verrühren, mit der steif geschlagenen Sahne und der aufgelösten Gelatine vermengen und die Creme über das Obst geben.

Eine Stunde kalt stellen.
2 Becher Sahne steif schlagen und den Vanillezucker unterrühren.
3 Blatt Gelatine auflösen und untermengen.
Die Torte mit Sahne und Mangospalten verzieren.

Cidre-Torte

Teig: 150 g Butter, 175 g Zucker, 225 g Mehl, 1 Ei, ½ Pck. Backpulver.

Zum Bestreuen: Mandeln, Zimt, Zucker.

Zum Belegen: 500 ml Sahne, Sahnesteif, Äpfel, 2 Pck. Tortenguss (klar), Cidre.

*Aus den Zutaten einen Teig kneten.
Aus dem Teig zwei Böden herstellen und mit Zimt, Zucker und Mandeln bestreuen.*

Bei 175° C ca. 45 Min. backen.

*Apfelscheiben in Cidre dünsten, mit 2 Pck. Tortenguss (klar) andicken, erkalten lassen und auf den Boden geben.
Die Sahne mit Sahnesteif schlagen, auf die Äpfel geben und den 2. Boden obenauf legen.*

Raffinierte Eierlikörtorte

Teig: 6 Eier, 100 g Zucker, 1 Prise Salz, 2 Pck. Vanillezucker, Zitronenaroma, 100 g gem. Mandeln, 100 g Zartbitterschokolade, 80 g Mehl, 1 EL Kakao.

Zum Bestreichen: 3 EL Preiselbeerkonfitüre, 500 ml Sahne, 2 Pck. Sahnesteif, 7 Schnapsgläser Eierlikör.

Zum Bestreuen: Schokoladenraspeln.

Eier trennen. Die Eigelbe mit 60 g Zucker, Salz, Vanillezucker und Zitronenaroma schaumig schlagen. Eiweiße steif schlagen und den restlichen Zucker einrieseln lassen.
Mandeln, Schokolade, Mehl und Kakaopulver unter die Eigelbmasse rühren, anschließend den Eischnee unterheben.
Den Teig in eine gefettete Springform geben und bei 175 °C im vorgeheizten Ofen 45 Min. backen.
Boden auskühlen lassen, einmal waagerecht durchschneiden und den unteren Boden mit der Konfitüre bestreichen.
250 ml Sahne mit Sahnesteif schlagen und mit zwei Schnapsgläsern Eierlikör vermengen. Eierlikörsahne auf den unteren Boden geben, mit dem oberen Boden abdecken. Die restliche Sahne steif schlagen und die Torte damit überziehen.
Den Rand dicht mit Sahnetupfen verzieren und in die Mitte den übrigen Eierlikör geben.
Mit Schokoraspeln bestreuen.

Eierlikörtorte

Teig: 80 g Butter, 80 g Zucker, 1 Pck. Vanillezucker, 3 Eigelb, 200 g gem. Mandeln, 1 TL Backpulver, 100 g geraspelte Mokka- oder Zartbitterschokolade, 1 EL Weinbrand oder Rum, 5 Eiweiß.

Belag: 250 ml Sahne, 1 Pck. Sahnesteif, Eierlikör.

Aus den genannten Zutaten einen Rührteig herstellen und diesen 60 Min. bei 170 °C backen.
Den Boden erkalten lassen und die mit Sahnesteif geschlagene Sahne darüberstreichen.
Dann vorsichtig überall etwas Eierlikör darübergeben.
Mit Sahnetupfen garnieren.

Klassische Eierlikörtorte (ohne Mehl)

Teig: 100 g Butter, 100 g Zucker, 1 Pck. Vanillezucker, 4 Eigelb,
4 Tropfen Rumaroma, ½ Pck. Backpulver,
200 g gem. Haselnüsse,
100 g ger. Zartbitterschokolade, 4 Eiweiß.

Belag: 500 ml Sahne, 2 TL Zucker, Eierlikör.

Zum Garnieren: etwas ger. Schokolade.

Butter schaumig rühren, Zucker und Vanillezucker hinzugeben, Eigelbe, Rumaroma, das Backpulver, die Nüsse und die Schokolade dazugeben und zu einem Teig verarbeiten.
Die geschlagenen Eiweiße unterheben.

In eine gefettete Springform geben und bei 175 °C
ca. 30 Minuten backen
Den Kuchen erkalten lassen, die Sahne mit Zucker schlagen und auf dem Kuchen verteilen. Die Sahne mit einer dünnen Schicht Eierlikör überziehen.

Mit etwas geriebener Schokolade garnieren.

Eiskuchen

Teig: 4 Eiweiß, 1 EL Zucker, 150 g gem. Nüsse.

Füllung: 1 kg Sahne, 3 Pck. Sahnesteif, 1 TL geh. Schokolade, 2–3 EL Eierlikör

Eiweiße und Zucker steif schlagen und die Nüsse leicht unterheben. Kuchenform damit auslegen und 45 Minuten bei 175 °C backen.

Sahne mit Sahnesteif schlagen. Schokolade und Eierlikör unterheben. Auf den kalten Boden füllen, mit Schokolade verzieren und kalt stellen.

Elisabeth-Torte

Teig: 5 Eier, 150 g Zucker, 1 Pck. Vanillezucker, 200 g Butter, 100 g Mehl, 200 g gem. Nüsse, 200 g Blockschokolade, 1 Pck. Backpulver.

Füllung: 500 ml Sahne, 1 Dose Ananas in Stücken, 1 Pck. Gelatine, 1 Pck. Schokoladenguss.

Die Eier mit Zucker und Vanillezucker schaumig schlagen. Butter zugeben. Das Mehl mit Backpulver vermischen und in die Masse sieben. Nüsse und geraspelte Blockschokolade zugeben. Den Teig in eine gefettete Springform geben und bei 190 °C 50 Min. backen.

Danach den Boden einmal durchneiden. Sahne schlagen, abgetropfte Ananasstücke untermengen und Gelatine nach Vorschrift unterheben.
Füllung auf dem unteren Kuchenboden verteilen, zweiten Boden drauflegen und mit Schokoladenguss verzieren.

Engadiner Nusstorte

*Nussteig: 150 g Mehl, 75 g gem. Haselnusskerne,
75 g Puderzucker, 1 Prise Salz, ½ Pck. Vanillezucker,
150 g kalte Butter.*

*Butterteig: 250 g Mehl, 65 g Zucker, ½ Pck. Vanillezucker,
1 Prise Salz, ½ TL dünn abgeriebene Schale einer unbehandelten
Zitrone, 150 g kalte Butter.*

*Füllung: 350 g Walnusskerne, 120 g Schlagsahne, 90 g Honig,
60 g Butter, 60 g Zucker.*

Zum Bestreichen: 1 Eigelb.

*Für den Nussteig das Mehl und die Nüsse auf die Arbeitsfläche
schütten und in die Mitte eine Mulde drücken.
Zucker, Salz, Vanillezucker und die Butter in Flöckchen in die
Mulde geben. Von der Mitte aus alle Zutaten schnell zu einem
glatten Teig verkneten. In Klarsichtfolie wickeln und etwa
60 Min. kühl stellen.
Für den Butterteig das Mehl auf die Arbeitsfläche schütten.
Zucker, Vanillezucker, Salz, Zitronenschale und die Butter in
Flöckchen daraufgeben. Alle Zutaten schnell zu einem glatten Teig
verkneten. In Klarsichtfolie wickeln und etwa 60 Minuten kühl
stellen.*

Für die Füllung die Walnusskerne mit dem Nudelholz grob zerdrücken. Sahne, Honig, Butter und Zucker in einem Topf bei starker Hitze etwa 5 Min. kochen. Die Nüsse unterrühren und die Masse kalt werden lassen.

Eine Tarteform mit herausnehmbaren Boden fetten und mit Mehl bestäuben. Den Nussteig auf der bemehlten Arbeitsfläche kurz durchkneten, dann möglichst rund, etwas größer als der Durchmesser der Form, ausrollen und in die Form legen. Den Rand gut andrücken und glatt abschneiden. Die Nussmasse gleichmäßig auf den Teig streichen. Den Butterteig auf die gleiche Weise wie den Nussteig ausrollen, auf die Nussfüllung legen, leicht andrücken und mit einem scharfen Messer rundherum glatt abschneiden. Das Eigelb verquirlen und auf der Oberfläche der Torte verstreichen. Mit dem Gabelrücken ein rautenförmiges Muster in den Teig drücken. Dann, über die ganze Oberfläche verteilt, Löcher in den Teig stechen.

Auf der zweiten Einschubleiste von unten in den kalten Backofen schieben und bei 200 °C 25–30 Min. backen. Vor dem Anschneiden mindestens 12 Stunden auskühlen lassen.

Engeltorte

5 Eier, 100 g Mehl, 50 g Speisestärke, 100 g Zucker,
1 TL Backpulver, 40 g Mandelsplitter, 5 EL Zucker, 500 ml Sahne,
Preiselbeeren oder Kirschen.

Ein ganzes Ei und drei Eigelbe mit Mehl, Speisestärke, Zucker und
Backpulver zu einem Biskuitteig verrühren. 4 Eiweiß steif schlagen,
5 EL Zucker und die Mandelsplitter unterheben.
Auf den Teig geben und bei 175 °C ca. 30 Min. backen.
Kuchen erkalten lassen und dann in zwei Böden teilen.
Die Sahne schlagen und mit dem Obst vermengen. Auf den unteren
Boden geben und verstreichen. Den oberen Boden daraufsetzen.
Torte bis zum Verzehr kalt stellen.

Erdbeertorte

*Teig: 300 g Mehl, 1 TL Backpulver, 130 g Zucker,
1 Pck. Vanillezucker, 2 Eier, 130 g Butter.*

*Creme: 500 g Quark, 100 g Zucker, 1 Pck. Vanillezucker,
2 Gläschen Rum, 1 Pck. Gelatine, 1 EL Wasser, 250–500 ml Sahne.*

Belag: Erdbeeren.

*Den Teig aus den Zutaten herstellen und 30 Min. in den
Kühlschrank stellen. Dann zwei Böden in einer Springform
10–12 Minuten bei 200–225 °C backen.
Die Creme zubereiten.
Einen Boden mit Erdbeeren belegen und die Hälfte der Creme
daraufstreichen. Den zweiten Boden daraufsetzen und ebenfalls
mit Erdbeeren und der restlichen Creme belegen.*

Im Kühlschrank 1–2 Stunden fest werden lassen.

Erdbeertorte im Quarkbett

75 g Butter, 75 g Zucker, 2 Eier, 1 Pck. Vanillezucker, 125 g Mehl, 1 TL Backpulver, 250 g Sahnequark, 1 EL Zucker, etwas Milch, 750 g frische Erdbeeren, 1 Pck. Tortenguss (rot), 2 EL Zucker, 20 ml Wasser, 50 g gehobelte Mandeln.

Butter, Zucker, Eier, Vanillezucker, Mehl und Backpulver zu einem Teig verarbeiten. In eine gefettete Tortenform geben und bei 175 °C ca. 25 Min. backen.
Den Kuchen stürzen und erkalten lassen. Den Quark mit Zucker und etwas Milch verrühren und auf dem Tortenboden verteilen. Die frischen Erdbeeren entstielen, halbieren und auf dem Tortenboden verteilen. Nach Packungsvorschrift den Tortenguss, mit Zucker und Wasser anfertigen. Über den Erdbeeren verteilen. Die Mandeln in einer Pfanne rösten und den Rand des Kuchens damit bestreuen.

Fächertorte

Teig: 100 g gem. Haselnüsse, 180 g Zucker, 180 g Margarine, 250 g Mehl, 1 Ei, etwas Salz und Backpulver.

Füllung: 500 ml Sahne, 2 Pck. Sahnesteif, 1 EL Puderzucker.

Aus den Teigzutaten einen Knetteig herstellen und daraus drei Böden backen.
Zwei der Böden heiß in je 16 Stücke schneiden.
Einen der geschnittenen Böden mit Schokoladenguss überziehen.
Nach dem Erkalten mit der steif geschlagenen und gesüßten Sahne füllen und verzieren.
Die 16 mit Schokolade überzogenen Stücke des einen Bodens fächerförmig aufstellen.

Fantakuchen

*Teig: 1 Tasse Fanta, 1–2 Tassen Zucker, 1 Tasse Öl,
4 Tassen Mehl, 4 Eier, 1 Pck. Backpulver, 1 Pck. Vanillezucker.*

Guss: 250 g Puderzucker, 25 ml Fanta.

*Alles zusammen verrühren und auf das mit Backpapier belegte Backblech ausbreiten.
Dann ca. 20 Min. bei 200–220 °C goldgelb backen.*

Aus den Zutaten einen Guss herstellen und nach dem Erkalten über den Kuchen streichen.

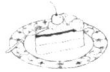

Flocken-Sahne-Torte

*250 ml Milch, 1 Prise Salz, 75 g Margarine, 125 g Mehl,
5–6 kl. Eier, 500 ml Sahne, 125 g Puderzucker,
2 Pck. Vanillezucker, 4 EL Gelatine, 2 Likörgläser Himbeergeist,
Himbeeren oder Preiselbeerkompott.*

*Milch mit Salz und Margarine erhitzen, bis das Fett
geschmolzen ist.
Gesiebtes Mehl auf einmal hineinschütten, mit einem Schneebesen
gut verrühren, bis der Teig sich als Kloß vom Topfboden lösen lässt.
Sofort ein Ei unterrühren, abkühlen lassen und dann die weiteren
Eier nacheinander unterrühren.
Backblech einfetten, mit Mehl bestäuben und in einer Springform
3 Böden 15 Min. bei 200 °C backen.
Sahne schlagen, Puderzucker, Gelatine, Himbeergeist und
Vanillezucker hinzufügen.*

*Die drei Böden mit der Sahne, Himbeeren oder Preiselbeerkompott
zusammensetzen.
Die Torte mit Puderzucker bestäuben.*

Florentiner Mandeltorte

150 g Mehl, 50 g Zucker, 1 Pck. Vanillezucker, 65 g Butter, 2 EL Wasser, 50 g Butter, 100 g Zucker, 2 EL Honig, 125 ml süße Sahne, 200 g Mandelblättchen, 1 Pck. Vanilleeis.

Aus Mehl, Zucker, Vanillezucker, Butter und Wasser einen Mürbeteig kneten und diesen 30 Minuten kalt stellen. Dann in einer gefetteten Springform bei 200 °C 2 Böden ca. 12 Min. backen. Danach die Böden sofort vom Blech lösen. Das Fett, den Zucker und den Honig vermischen und erhitzen, bis die Masse leicht braun wird. Die Sahne hinzufügen und weiterrühren, bis der Zucker gelöst ist. Die Mandeln hineingeben und schwach kochen lassen, bis die Masse gebunden ist. Die Masse auf beiden Böden verstreichen und erkalten lassen.

Kurz vor dem Servieren das Vanilleeis in Scheiben auf den unteren Boden legen. Den zweiten Boden mit der Mandelmasse nach oben auf den ersten Boden legen und sofort servieren.

Frankfurter Kranz

Teig: 4 Eier, 125 g Zucker, 125 g Mehl, 125 g Butter, 100 g Speisestärke, 1 TL Backpulver, 4 EL Wasser.

Buttercreme: 4 Eier, 200 g Zucker, 1 Prise Salz, 500 g weiche Butter, 1 Vanilleschote.

Krokant: 10 EL Zucker, 4 EL Wasser, 100 g ganze ungeschälte Mandeln.

Garnitur: Cocktailkirschen.

Die Eier für den Teig trennen. Die Eigelbe, 4 EL lauwarmes Wasser und 125 g Zucker schaumig schlagen. Eiweiße steif schlagen und unter die Eigelbmasse heben. Mehl, Stärke und Backpulver mischen, darübersieben und ebenfalls unterheben. Butter zerlassen, abkühlen lassen und vorsichtig unterrühren.
Kranzform fetten und mit Mehl bestäuben. Teig einfüllen und im vorgeheizten Backofen bei 175-200 °C 35-40 Min. backen. Aus dem Ofen nehmen, etwas abkühlen lassen und auf ein Kuchengitter stürzen. Ganz auskühlen lassen und zweimal waagerecht durchschneiden.
Die Eier für die Buttercreme in einer Schüssel hell-cremig aufschlagen, 200 g Zucker und die Prise Salz einrieseln lassen und unterrühren. Über einem heißen Wasserbad gut cremig schlagen, vom Wasserbad nehmen und kalt schlagen.

F

Butter in einer anderen Schüssel cremig rühren und esslöffelweise die abgekühlte Eiercreme unterrühren. Das aus der Vanilleschote herausgekratzte Mark unter die Buttercreme rühren.
10 EL Zucker und das Wasser in einen Topf geben, verrühren und so lange sprudelnd kochen lassen, bis der Zucker hellbraun ist. Die Mandeln hinzufügen und die Masse rühren, bis die Mandeln ganz von der Zuckermasse umschlossen sind.
Auf ein gefettetes Blech geben und etwas abkühlen lassen. Mit einem Nudelholz über den Krokant rollen, bis er in viele kleine Stückchen zerbrochen ist.

⅓ der Buttercreme auf den unteren Biskuitteig streichen, mittleren Ring daraufsetzen und mit dem zweiten Drittel bestreichen. Oberen Ring daraufsetzen und den ganzen Kranz mit der restlichen Creme bestreichen. Mit dem Krokant ringsherum bestreuen und mit Cremerosetten und Cocktailkirschen verzieren.

Französischer Kuchen

*3 Eier, 100 g Zucker, 125 g Mehl, 1 Prise Salz,
500 ml Milch (Zimmertemperatur),
Kirschen (oder auch Backpflaumen o. ä.).*

*Die Zutaten verrühren und die Kirschen zugeben.
Den Teig auf ein eingefettetes Backblech geben und mindestens
30 Min. bei 200 °C backen.*

Frischkäse-Krümelkuchen

Teig: 200 g Löffelbiskuit, 125 g Butter.

Belag: 200 g Frischkäse, 3 EL Quark, 3 EL Puderzucker, Süßstoff, 100 g geh. Mandeln, 500 g Sahne, Sahnesteif, Vanillezucker, 1 Glas Kirschen.

Guss: 1 ½ Pck. Tortenguss.

*Den Löffelbiskuit zerbröseln und die Butter schmelzen.
Beides vermischen und in einer gefetteten Form verteilen.
Den Frischkäse, den Quark, Puderzucker und Süßstoff vermengen und auf den Boden geben.
Die gehackten Mandeln daraufstreuen.
Sahne mit Sahnesteif und Vanillezucker steif schlagen und auf die Mandeln geben.
Das Glas Kirschen abtropfen lassen und auf die Sahne geben.
Den Tortenguss nach Anleitung zubereiten und abgekühlt auf die Kirschen geben.*

Frischkäse-Sahne-Torte mit Pfirsichen

Boden: 200 g Zwieback, 125 g Butter.

Creme: 1 Pck. Zitronen-Götterspeise (für 500 ml Wasser), 150 g Zucker, 125 g Doppelrahm-Frischkäse, 2 EL Zitronensaft, 2 Becher Schlagsahne.

Belag: 1 Dose Pfirsiche (halbe Frucht), ½ Pck. gezuckerter klarer Tortenguss, 1 Becher Schlagsahne, 1 EL Zucker.

Den Zwieback zerbröseln, das Fett schmelzen und beides vermischen.
Springform auf eine Platte setzen und den Teig darauf verteilen. Fest andrücken und 60 Min. kalt stellen.

Das Götterspeisenpulver in 250 ml Wasser anrühren und 5 Min. quellen lassen. 4 EL Zucker hinzufügen und unter Rühren erhitzen (nicht kochen). Das Ganze erkalten lassen.
Frischkäse, den restlichen Zucker und Zitronensaft glattrühren. Die Sahne steif schlagen.
Sobald die Götterspeise fest wird, erst die Frischkäsemasse, dann die Sahne unterrühren.
Die Masse auf den Boden glattstreichen und dann kalt stellen.

F

*Die Pfirsiche abtropfen lassen, in Spalten schneiden und den Tortenrand damit belegen.
Den Tortenguss und 150 ml Pfirsichsaft verrühren und zum Kochen bringen. Dann über das Obst geben.*

Zum Schluss Sahne und Zucker steif schlagen, in einen Spritzbeuten füllen und den Tortenrand damit verzieren.

Frischkäse-Torte

Boden: 250 g Mehl, 1 TL Backpulver, 200 g Zucker,
1 Pck. Vanillezucker, 1 Ei, 125 g Butter.

Creme: 200 g Doppelrahmfrischkäse, Saft von zwei Zitronen,
1 Pck. Vanillezucker, 3 EL Zucker, 1 Götterspeise Zitrone (15 g),
500 ml Sahne.

Belag: 1 Dose Aprikosen, 1 Pck. Tortenguss.

Mehl, Backpulver, Zucker, Vanillezucker, Ei und Butter zu einem
Teig zusammenmischen. Eine Springform einfetten, den Teig
hineingeben und 40 Min. bei 200 °C backen.
Frischkäse, Zitronensaft, Vanillezucker und Zucker verrühren.
Die Götterspeise in einer Tasse mit Wasser aufquellen lassen.
Sahne schlagen. Alles vermischen und auf dem Boden verteilen.
Aprikosen auf den Kuchen geben, mit dem Saft Tortenguss fertigen
und auf dem Kuchen verteilen.

Frucht-Törtchen

*Teig: 150 g Mehl, 50 g Zucker, 50 g gem. Mandeln,
100 g Butter, 1 Prise Salz, 1 EL Sahne.*

*Creme: 50 g weiche Butter, 75 g Puderzucker, 1 Eigelb,
1 EL Zitronensaft, 100 g Doppelrahm-Frischkäse, 1 Prise Salz,
1 Eiweiß.*

*Belag: 500 g reife Pfirsiche, 150 g rote Johannisbeeren,
50 g Heidelbeeren.*

*Guss: je 125 ml Weißwein und Apfelsaft, 2 gehäufte EL Zucker,
1 Pck. klarer Tortenguss, etwas Zitronensaft.*

Verzierung: Minzblätter.

*Für den Teig alle Zutaten schnell zu einem glatten Teig verkneten
und 60 Min. kühlen.
Für die Creme Butter mit Puderzucker und Eigelb schaumig rühren.
Zitronensaft, Frischkäse und Salz unterrühren. Eiweiß steif schlagen
und unterheben.
Zum Belegen die Pfirsiche waschen, halbieren und entsteinen.
Früchte in Spalten schneiden. Die Beeren waschen, abtropfen lassen,
zum Teil entstielen und trocken tupfen.
Teig auf bemehlter Arbeitsfläche 4 mm dünn ausrollen.
Tortelettförmchen einfetten und den Teig damit ausstechen.*

Teigplätzchen mit bemehlten Fingerspitzen in die Förmchen drücken. Förmchen 10 Min. kalt stellen. Danach die Törtchen im auf 175 °C vorgeheizten Backofen 15–18 Min. goldgelb backen.

Torteletts aus den Förmchen stürzen und erkalten lassen. Den Guss aus Wein, Saft, Zucker und Tortengusspulver nach Packungsaufschrift bereiten. Mit Zitronensaft abschmecken. Creme in die Torteletts füllen, Früchte darauflegen und den Tortenguss esslöffelweise darübergeben.

Mit gewaschenen Minzblättern servieren.

Früchtegugelhupf

*100 g getrocknete Pflaumen, 100 g getrocknete Aprikosen,
125 g Rosinen, 125 g Korinthen, 100 g gem. Haselnüsse,
100 g geh. Mandeln, 100 g grob geh. Paranüsse,
100 g Zitronat, Saft einer halben Zitrone, 125 g Butter 3 Eier,
1 Prise Salz, 100 g Zucker, 1 TL Zimt, 250 g Mehl,
½ Pck. Backpulver.*

*Die Früchte, Nüsse und Mandeln klein schneiden, Gewürze
zugeben und ziehen lassen.
Die Butter schaumig schlagen, Eier, Salz, Zucker, Zimt, Mehl
und Backpulver zugeben.
Die Früchte dazugeben.*

*Den Teig in eine Gugelhupfform geben.
Bei 175 °C ca. 1 Stunde 40 Min. backen.*

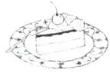

Gewürzkuchen

*Teig: 375 g Butter, 375 g Zucker, 5 Eier, 375 g Mehl,
1 TL Backpulver, 2 TL gem. Zimt, 1 TL gem. Nelken, 5 TL Kakao,
½ TL gem. Muskatnuss, 100 g gem. Mandeln, 250 g Rosinen,
etwas starken Kaffee (löslicher).*

Guss: Nach Belieben.

Verzierung: Mandeln.

*Butter, Zucker und Eier schaumig rühren und dann alle
anderen Zutaten dazugeben.
Der Kaffee gibt das besondere Aroma.
Den Teig in eine gefettete Springform geben und bei mittlerer Hitze
60–70 Min. backen.*

*Mit einem Guss nach Belieben überziehen und dann mit
Mandeln garnieren.*

Münsterländer Gitterkuchen mit Pflaumenmus

200 g Butter, 250 g Zucker, 500 g Mehl, 1 Pck. Backpulver, 1 Pck. Vanillezucker, 2 Eier, 200 g Pflaumenmus, 1 Eigelb, 125 g Hagelzucker.

Aus Butter, Zucker, Mehl, Backpulver, Vanillezucker und 2 Eiern einen Mürbeteig herstellen.
⅔ des Teiges in eine gefettete Backform füllen. Die Ränder hochdrücken.
Aus dem übrigen Teig mit einem Messer oder Teigrädchen schmale Streifen schneiden. Das Pflaumenmus auf dem Teig verteilen und darüber in einem Rautenmuster die Teigstreifen legen. Diese mit Eigelb bestreichen und mit Hagelzucker bestreuen.

Bei 200 °C ca. 45 Min. backen.

Glühweinkuchen

250 g Butter, 250 g Zucker, 4 Eier, 1 Pck. Kuvertüre (Vollmilch), 250 g Mehl, 1 Pck. Backpulver, 125 ml Glühwein.

Butter, Zucker und Eier schaumig schlagen. Die Kuvertüre dazuraspeln. Ebenfalls Mehl und Backpulver dazurühren. Zum Schluss den Glühwein dazugeben.

Den Teig auf ein gefettetes Backblech geben und bei 200 °C ca. 20–30 Min. backen.

Weihnachtlicher Glühweinkuchen mit Pumpernickel

3 Eigelb, 250 g Zucker, 1 Prise Salz, 250 g Mehl,
½ Pck. Backpulver, 100 g Pumpernickel, 2 EL Rum, halbe Zitrone,
50 g Zitronat, 100 g gem. Haselnüsse, 100 g ger. Blockschokolade,
3 Eiweiß, 10 ml Glühwein, Puderzucker.

Eigelbe schaumig schlagen, Zucker hinzugeben, Salz, Mehl,
Backpulver, Pumpernickelbrösel, Rum, abgeriebene Zitronenschale,
Zitronat, Haselnüsse und Schokolade unterheben. Ebenso den
Eischnee. Den Teig in eine gefettete Rodonkuchenform geben.
Bei 175 °C ca. 60 Min. backen.

Nach dem Erkalten des Kuchens diesen mit einem Holzspieß
einstechen und den Glühwein einträufeln.
Den übrigen Glühwein erwärmen, Puderzucker hinzugeben und
mit dem Guss den Kuchen überziehen.

Haferflocken-Apfelkuchen

150 g Haferflocken, 50 g Mehl, 1 TL Backpulver, 3 Eier, 150 g Margarine, 150 g Zucker, 1 Pck. Vanillezucker, 500 g Äpfel, Puderzucker zum Bestäuben.

Aus Haferflocken, Mehl, Backpulver, Eiern, Margarine, Zucker, und Vanillezucker einen Rührteig herstellen.
Die Äpfel waschen, vierteln, das Kerngehäuse entfernen und fein würfeln.
Die Apfelstückchen unter den Teig rühren, den Teig in eine Springform geben und ca. 60 Min. bei 190 °C backen.

Danach mit Puderzucker bestäuben.

Herzwaffeln mit Honig

125 g Weizenmehl, 300 ml Milch, 2 Eier, 70 g Butter,
½ TL Backpulver, 2 EL Honig, 1 Prise Salz.

Mehl, Backpulver und Milch verrühren und 60 Min. quellen lassen.
Die Eier trennen. Das Fett in einem Topf zerlassen. Eigelbe, Honig
und Salz zum ausgequollenen Mehl geben.
Alles zu einem Teig verrühren.
Eiweiße steif schlagen und zum Schluss unterheben,
Das vorgeheizte Waffeleisen mit Öl auspinseln. Etwas Teig einfüllen
und das Waffeleisen schließen.

Jede Waffel ca. 3 Min. backen, dann herausnehmen.

Himbeer-Kefir-Torte

Teig: 150 g weiche Butter, 3 EL Zucker, 200 g Cornflakes.

Füllung: 500 g Himbeeren, 9 Blatt weiße Gelatine, je 500 g Sahnequark und Kefir, 150 g Zucker, 1 Pck. Vanillezucker, 1 unbehandelte Zitrone.

Spiegel: 3 Blatt weiße Gelatine, 250 ml Himbeersaft.

Verzierung: 200 ml süße Sahne.

Für den Boden Zucker und Butter schaumig rühren. Cornflakes in einem Kunststoffbeutel mit dem Nudelholz leicht zerbröseln. Brösel unter die Butter rühren.
Den Boden einer Springform mit Backpapier auslegen. Den Teig darauf verteilen, fest andrücken und kalt stellen.
Für die Füllung die Himbeeren waschen und trocken tupfen. Gelatine in kaltem Wasser einweichen. Quark, Kefir, Zucker und Vanillezucker verrühren und mit Zitronenschale und -saft abschmecken. Gelatine tropfnass in einem Töpfchen bei milder Hitze auflösen. Mit einigen Esslöffeln der Quarkmasse verrühren und alles unter die übrige Quarkmasse mischen.
Masse kalt stellen, bis sie gerade zu Gelieren beginnt, dann die Himbeeren (einige für die Dekoration beiseitelegen) unterheben. Masse auf den Tortenboden geben und glattstreichen.
Torte ca. 60 Min. kalt stellen.

H

Für den Spiegel die Gelatine in kaltem Wasser einweichen und tropfnass bei milder Hitze auflösen. Gelatine mit etwas Himbeersaft verrühren und zum übrigen Saft geben.
Saft 5-10 Min. im Kühlschrank angelieren lassen, dann auf der Tortenoberfläche verteilen.
Nochmal ca. 60 Min. kalt stellen. Sahne steif schlagen und in einen Spritzbeutel mit Sternhülle füllen. Die Torte mit Sahne und den übrigen Himbeeren verzieren.

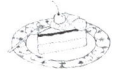

Himbeer-Sahne-Torte

Böden: 150 g Mehl, 150 g Butter, 100 g Hagelzucker, 1 Pck. Vanillezucker, 1 Ei, 1 TL Backpulver, 100 g geh. Mandeln.

Füllung: 500 ml Sahne, 2 Pck. Sahnesteif, 1 TL Zucker, 1 Schuss Himbeergeist, 250 g gefrorene Himbeeren (nicht auftauen lassen), ½ Glas Himbeermarmelade.

Zum Bestreuen: Etwas Zimt, Puderzucker oder Sahne und Krokant

Aus Mehl, Butter, Hagelzucker, Vanillezucker, Ei, Backpulver und Mandeln einen Rührteig herstellen.
Den Teig in zwei gefettete Springformen verteilen, mit Zimt bestreuen und 20 Min. bei 200 °C backen.

Einen Boden nach dem Backen sofort in Stücke schneiden, 500 ml Sahne mit dem Sahnesteif und dem Zucker steif schlagen. Einen Schuss Himbeergeist hineingeben.
Die gefrorenen Himbeeren mit der Marmelade mischen.
Auf den ungeschnittenen Boden zuerst Sahne, dann Himbeeren und wieder Sahne geben.
Zweiten Boden auflegen, mit Puderzucker bestreuen oder mit geschlagener Sahne bestreichen und Krokant darübergeben.

Honigwaffeln

250 g Butter, 50 g Zucker, 4 EL flüssiger Honig,
1 Pck. Vanillezucker, 4 Eier, etwas Salz, 375 ml Milch,
500 g Mehl, etwas Backpulver, Puderzucker zum Bestäuben.

Zunächst wird die Butter schaumig geschlagen. Danach gibt man die übrigen Zutaten hinzu und rührt, bis ein cremiger Teig entsteht.

Den Teig in ein Waffeleisen geben und backen.
Am besten noch heiß mit Puderzucker bestreuen.

Ingwerkuchen

125 g Butter, 350 g Zucker, 4 Eigelb, 300 ml Milch, 320 g Mehl, 125 g ger. Schokolade, 1 TL Nelkenpulver, 1 TL Zimtpulver, ger. Muskatnuss, 1 Pck. Backpulver, 75 g kandierter Ingwer.

Die Butter mit Zucker und den Eidottern schaumig schlagen, dann die Milch unterschlagen.
Mehl mit der geriebenen Schokolade, Nelken, Zimt, Muskat und Backpulver vermischen und unterheben. Zuletzt den klein geschnittenen Ingwer dazugeben.
In zwei gut gefettete Kastenformen streichen.

Bei 200 °C ca. 25 Min. goldbraun backen.

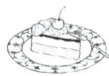

Jamaica-Kuchen

Teig: 150 g Butter, 4 Eier, 150 g Puderzucker,
2–3 EL lauwarmes Wasser, 2 EL Rum, 200 g Kakaopulver,
120 g Mehl, 1 gestrichenen TL Backpulver.

Creme: 375 ml kalte Milch, 6 EL Zucker, 6 Blatt Gelatine,
4 EL Rum, 500 ml Sahne.

Butter, Eier, Puderzucker, Wasser und Rum schaumig rühren.
Kakao, Mehl und Backpulver mischen und unterrühren.
Bei ca. 170 °C 45 Min. backen.
Milch, Zucker und Rum verschlagen und die aufgelöste Gelatine
unterrühren. Wenn die Creme stockt, die geschlagene Sahne
unterheben.

Boden zweimal durchschneiden, mit der Rumcreme füllen und
abschließend mit Sahne verzieren.

Joghurt-Sahne-Torte

Teig: 150 g Mehl, 80 g gem. Mandeln, ½ TL Backpulver, 150 g Margarine, 80 g Zucker, 1 Prise Salz, 1 Ei.

Belag: 7 Blatt weiße Gelatine, 450 g Vollmilch-Joghurt, ½ TL ger. Zitronenschale, 5–6 EL Zitronensaft, Erdbeermarmelade, 500 ml Sahne.

Mehl, Mandeln, Backpulver, Margarine, Zucker, Salz und Ei zu einem glatten Teig kneten, zu einer Kugel formen und 60 Min. kalt stellen.
Teig in der Größe der Springform ausrollen, Form damit auslegen und dabei einen Rand hochziehen.
Im vorgeheizten Backofen bei 200 °C 25 Min. backen.
Gelatine einweichen. Joghurt, Zitronenschale und 4 EL Zitronensaft verrühren. Gelatine tropfnass bei milder Hitze auflösen, unter den Joghurt rühren und kalt stellen.
Sahne steif schlagen.
Sobald der Joghurt zu gelieren beginnt, die Sahne unterheben und den Joghurt auf den Boden geben.

Kühl stellen, bis die Masse fest geworden ist.
Erdbeermarmelade mit Zitronensaft glattrühren und auf der Joghurtmasse verteilen.

Johannisbeerkuchen

300 g Mehl, 180 g Butter, 80 g Zucker, 4 Eigelb, 4 EL Milch,
1 Pck. Vanillezucker, ½ Pck. Backpulver, 150 g Zucker,
4–6 Eiweiß, Johannisbeeren.

Butter, 80 g Zucker und Vanillezucker schaumig schlagen.
Eigelbe zugeben und verrühren. Mehl und Backpulver mischen
– dazusieben und unterrühren. Milch dazugeben und ebenfalls
unterrühren.
Den Teig in eine gefettete Springform geben.
Johannisbeeren und Zucker vermischen und auf den Teig geben.
Eiweiße steif schlagen und auf dem Obst verteilen.
Bei 175 °C ca. 20 Minuten backen.

Käsekuchen mit Rosinen

Teig: 250 g Mehl, 125 g Butter, 80 g Zucker, 1 Ei, 1 Eigelb,
1 Prise Salz, 1 Pck. Vanillezucker, 1 TL Backpulver.

Quarkmasse: 500 g Quark, 250 g Zucker, 1 Pck. Vanillezucker,
1 Pck. Vanillepuddingpulver, 2 Eigelb, 3 Eiweiß, 250 ml Milch,
½ Tasse Öl, etwas Zitronensaft, Rosinen.

*Einen Teig aus den genannten Zutaten herstellen und den Boden
und den Rand einer Springform damit auslegen.
Quark, Zucker, Vanillezucker, Eigelbe und Zitronensaft verrühren.
Die Milch dazugeben und Vanillepuddingpulver unterrühren.
Eine halbe Tasse Öl langsam unterrühren, zuletzt die geschlagenen
Eiweiße und die Rosinen unterheben.*

*Auf den Teig geben und den Kuchen 70 Min. bei 175 °C backen.
Danach im Ofen erkalten lassen.*

Käsekuchen ohne Boden

1250 g Magerquark, 5 Eier, 100 g Gries, 1 Pck. Backpulver, Saft einer halben Zitrone, 125 g Zucker, 1 Pck. Vanillezucker.

*Aus den Zutaten einen Teig herstellen.
Diesen in eine Form geben und bei 180 °C ca. 60 Min. backen.*

Klassischer Käsekuchen

Teig: 200 g Mehl, 100 g Butter, 50 g Zucker, 1 Prise Salz, 1 Eigelb.

Käsemasse: 500 g Quark, 4 Eigelb, 50 g Zucker, Saft einer Zitrone, 100 g Butter, 50 g Rosinen (gewaschen und abgetropft), 5 Eiweiß, 50 g Zucker.

Puderzucker zum Bestäuben.

Mehl mit Butter, Zucker, Salz und Eigelb zu einem Mürbeteig verkneten. Teig abdecken und kühl stellen. Ruhen lassen.
Teig ausrollen, in eine gefettete Springform legen und die Ränder nach oben drücken.
Den Quark mit einem Küchentuch ausdrücken, Eigelbe, Zucker, Zitronensaft und flüssige Butter zugeben und verrühren. Die Rosinen dazugeben.

Eiweiße mit Zucker zu Eischnee schlagen und vorsichtig unter die Masse heben. Diese Masse auf dem Boden verteilen. Bei 175 °C ca. 60 Min. backen.
Nach dem Erkalten mit Puderzucker bestäuben.

Käse-Sahne-Torte

Teig: 2 Eigelb, 2 Eiweiß, 2 EL Wasser, 100 g Zucker, 1 Pck. Vanillezucker, 80 g Mehl, 1 TL Backpulver.

Füllung: 500 g Speisequark, 150 g Zucker, Saft einer halben Zitrone, 2 Pck. Gelatine (weiß), 2 Becher Sahne.

Puderzucker zum Bestreuen.

Für den Biskuitteig die Eigelbe schaumig schlagen. Eiweiße mit etwas Wasser steif schlagen, Zucker und Vanillezucker zugeben. Den Eischnee unter die Eigelbmasse heben, gesiebtes Mehl und Backpulver vorsichtig unterheben.
Teig in eine gefettete Springform geben und ca. 20 Min. bei 175 °C backen.

Für die Füllung den Quark mit dem Zucker verrühren, Zitronensaft zugeben. Die aufgelöste Gelatine in die Quarkmasse geben. Die Sahne steif schlagen und in die gelierende Quarkmasse geben. Den Biskuitboden in der Mitte durchschneiden, die Masse auf den unteren Boden geben. Den oberen Boden aufsetzen, mit Puderzucker bestreuen und kalt stellen.

Kakao-Torte

Teig: 3 Eier, 150 g gem. Nüsse, 100 g Butter, 100 g Zucker, 1 TL Backpulver, 60 g Kakaopulver.

Belag: 1 Glas Preiselbeerkonfitüre, Sahne, evtl. etwas Eierlikör.

Eier trennen, Eigelbe, Nüsse, Butter, Zucker, Backpulver und Kakaopulver verrühren. Eischnee unterheben. In eine gefettete Springform füllen und bei 150 °C ca. 45 Min. backen. Abkühlen lassen, Kuchen durchschneiden und die Konfitüre auf den Böden verstreichen. Böden aufeinander setzen, Rand mit Sahne verzieren und Eierlikör in der Mitte verstreichen.

Kalte Schnauze

*1 Pck. Butterkekse, 2 Eier, 180 g Puderzucker, 1 Prise Salz,
40 g Kakao, 1 EL Instantkaffee, 2 EL fein geh. Walnüsse,
250 g Kokosfett.*

*Das Kokosfett erhitzen und abkühlen lassen. Eier, Puderzucker und
Salz schaumig rühren. Kakao, Kaffee und Walnüsse dazugeben.
Abgekühltes Kokosfett unterrühren.
In einer Königskuchenform abwechselnd Butterkekse und
Kakaocreme schichten.
Kühl stellen.*

Kirschkuchen

250 g Butter, 250 g Zucker, 1 Pck. Vanillezucker, 1 Prise Salz, 3 Eier, 2 EL Kirschwasser, 250 g Mehl, ½ Pck. Backpulver, 150 g gem. Haselnüsse, 1 Glas Sauerkirschen, 2 TL Rum, Puderzucker zum Bestäuben.

Die Butter schaumig schlagen, Zucker und Vanillezucker sowie Salz hinzugeben.
Die Eier unterrühren. Kirschwasser zugeben. Mehl und Backpulver unterheben. Die Haselnüsse dazugeben.
Die Sauerkirschen abtropfen lassen und mit Rum beträufeln. Etwa die Hälfte des Teigs in eine gefettete Springform geben. Darauf die Sauerkirschen verteilen und den übrigen Teig darübergeben.

Bei 175 °C ca. 60 Min. backen. Erkalten lassen und mit Puderzucker bestäuben.

Kirsch-Käse-Kuchen

Boden: 260 g Butterkekse, 130 g Butter, 100 g gem. Nüsse.

1. Schicht: 300 g Frischkäse, 1 Tasse Puderzucker, 3 EL Milch, 2 Pck. Vanillezucker, 5 Tropfen Vanillearoma.

2. Schicht: 500 ml Sahne, 2 Pck. Vanillezucker, 5 Tropfen Vanillearoma.

Dekoration: 1–2 Gläser Kirschen, 1 ½ Pck. Tortenguss.

Butterkekse zerkrümeln, mit Butter und Nüssen vermischen und in eine Springform geben.
Für die 1. Schicht: Frischkäse, Puderzucker, Milch, 2 Pck. Vanillezucker und 5 Tropfen Vanillearoma vermischen und auf den Boden geben.
Für die 2. Schicht: Sahne steif schlagen, Vanillezucker und -aroma untermischen und alles auf die 1. Schicht geben.
Zum Schluss die Kirschen auf dem Kuchen verteilen und Tortenguss nach Anweisung darübergeben.

Mandel-Kirschkuchen

125 g Butter, 200 g Zucker, 3 große oder 4 kleine Eier, 100 g Mehl, ½ Pck. Backpulver, 100 g Mandeln, 1 Pck. Vanillezucker, 500 g entsteinte Kirschen, Puderzucker zum Bestäuben, Semmelbrösel für die Form.

Butter und Zucker schaumig schlagen und nach und nach Eier dazugeben. Das mit Backpulver vermischte und gesiebte Mehl, Mandeln und Vanillezucker ebenfalls dazugeben.
Zum Schluss die entsteinten Kirschen unter den Teig rühren.
Masse in eine gebutterte und gebröselte Springform füllen, bei mäßiger Hitze ca. 60 Min. backen.
Kuchen nach dem Erkalten mit Puderzucker bestäuben.

Einfacher gedeckter Kirschkuchen mit Kirschwasser

125 g Butter, 125 g Zucker, 3 Eier, 1 Prise Salz, 1 EL Kirschwasser, 250 g Mehl, ½ Pck. Backpulver, etwas Milch, 500 g Kirschen, Puderzucker zum Bestäuben.

Die Butter schaumig rühren. Zucker, Eier, Salz und Kirschwasser hinzufügen. Mehl und Backpulver und nach Bedarf etwas Milch dazugeben. Den Teig in eine gefettete Springform füllen. Die entsteinten Kirschen mit Kirschwasser beträufeln und auf den Teig setzen.

Bei 175 °C ca. 45 Min. backen.
Nach dem Erkalten mit Puderzucker bestäuben.

Westfälischer Kirsch-Streusel-Kuchen

*250 g Butter, 250 g Zucker, 1 Pck. Vanillezucker, 2 Eier,
1 Prise Salz, 500 g Mehl, 1 Pck. Backpulver, Paniermehl,
750 g Kirschen, 2 Schnapsgläser Kirschwasser,
1 Scheibe Pumpernickel.*

*Die Butter schaumig rühren, Zucker, Vanillezucker, Eier und Salz hinzugeben. Das Mehl und das Backpulver so unterheben, dass ein krümeliger Teig entsteht.
Die Hälfte des Teigs in eine gefettete Springform geben, den Rand etwas hochdrücken und mit Paniermehl bestreuen.
Die entkernten Kirschen im Kirschwasser ziehen lassen und auf den Boden geben.*

*Pumpernickel zerbröseln und dazugeben. Den Rest der Streusel darübergeben.
Bei 175 °C ca. 60. Min. backen.*

Saftige Kirschtorte

1 Glas Kirschen, 250 g Butter, 200 g Zucker, 1 Pck. Vanillezucker, 4 Eier, 500 g Mehl, 1 Pck. Backpulver, 100 g gem. Nüsse, 2 EL Rum, 125 ml Milch.

Kirschen abtropfen lassen. Butter, Zucker, Vanillezucker und Eier schaumig schlagen. Mehl, Backpulver, Nüsse, Rum und Milch dazugeben. Die Kirschen unterheben und in eine gefettete Springform geben.

Bei 175 °C ca. 65 Min. backen. Nach 45 Min. evtl. abdecken.

Kiwi-Torte

Teig: 150 g Mehl, 80 g Butter, 2 TL Puderzucker, ½ TL Salz, 1 Eigelb, etwas Mehl zum Ausrollen, Klarsichtfolie.

Belag: ½ Pck. Zitronencremepulver, 100 ml Milch, 5 Kiwis, 1 Pck. Tortenguss (klar), 2 EL Zucker, 250 ml Apfelsaft.

Das Mehl auf die Arbeitsfläche geben und eine Mulde hineindrücken. Gekühltes Fett, Puderzucker, Salz, Eigelb und 4 EL kaltes Wasser hinzufügen und alles kurz mit einem großen Messer durchhacken. Dann die Masse zu einem glatten Teig verkneten. Den Teig zu einer Kugel formen, in Klarsichtfolie wickeln und ihn ca. 30 Min. kühl stellen.
Danach den Teig zu einer Platte rollen, die ca. 2 cm größer ist als die Form. Den ausgerollten Teig dann in die Form hineinlegen und am Rand hochdrücken.
Das Cremepulver in die Milch streuen und mit dem Schneebesen des Handrührgerätes auf höchster Stufe schaumig schlagen. Die Masse dann auf den Teig streichen und die in Scheiben geschnittenen, geschälten Kiwis dachziegelartig auf der Creme verteilen.
Den Kuchen im vorgeheizten Backofen bei 200 °C 25–30 Minuten backen und auskühlen lassen.
Das Tortengusspulver mit Zucker vermischen und dann mit Apfelsaft verrühren. Die Masse unter Rühren aufkochen und dann über die Kiwis geben.

Königskuchen

250 g Butter, 200 g Zucker, 1 Pck. Vanillezucker, 1 Prise Salz, 4 Eier, 125 ml Milch, 4 EL Rum, 350 g Mehl, 150 g Speisestärke, 1 Pck. Backpulver, 40 g geschnittenes Zitronat, 150 g Rosinen, 150 g Korinthen, 125 g Puderzucker zum Bestäuben.

Fett sahnig rühren und nach und nach Zucker, Vanillezucker, Salz und Eier hineinrühren. Mehl mit Speisestärke und Backpulver mischen, abwechselnd mit Milch und Rum hineinarbeiten. Zuletzt Zitronat und die gewaschenen, bemehlten Rosinen und Korinthen unterziehen.

Den Teig in die gefettete Backform füllen und ca. 65–75 Min. bei 175–195 °C backen.
Kuchen etwas auskühlen lassen und dick mit Puderzucker bestäuben.

Krabbeln

200 g Quark, 1 Ei, 100 g Zucker, 1 Pck. Vanillezucker, 8 EL Öl, 8 EL Kokosfett, 6 EL Milch, 400 g Mehl, ½ Pck. Backpulver, Zucker zum Wälzen.

Aus den angegebenen Zutaten eine Teig bereiten und diesen löffelweise im heißen Öl (halb Kokosfett, halb Öl) backen.

Die einzelnen Krabbeln danach in Zucker wälzen.

Krümelkuchen

750 g Äpfel, 200 g Mehl, 100 g Speisestärke, 1 TL Backpulver, 1 Ei, 150 g Zucker, 100 g Butter.

Äpfel schälen, aufschneiden, Kerngehäuse entfernen und in dünne Schnitze schneiden.
Backzutaten in eine Schüssel geben und kneten, bis Streusel entstehen. Die Hälfte des Teiges auf den Boden der Springform krümeln und die Apfelstücke darauflegen.

Den restlichen Teig darüberkrümeln und ca. 50 Min. bei 175 °C backen.

Küsterkuchen

*250 g Butter, 250 g Mehl, 175 g Zucker, 125 g ger. Mandeln,
4 Eier, 1 Pck. Vanillezucker, 1 Prise Salz,
Puderzucker zum Bestreuen.*

Butter schaumig rühren und Zucker, Vanillezucker, Eier, Mandeln und Salz nach und nach hinzugeben. Dann das Mehl unterrühren. Den Teig fingerdick auf dem Blech ausbreiten.

Bei 175 °C 35 Min. hellbraun backen, erkalten lassen und mit Puderzucker bestreuen.

Lichterkuchen

100 g Butter, 200 g Zucker, abgeriebene Zitronenschale, 4 Eier,
250 g Magerquark, 300 g Mehl, 1 Pck. Backpulver,
2 EL Zitronensaft, Puderzucker zum Bestreuen.

Weiches Fett, Zucker, Zitronenschale und Eier gut verrühren,
dann den Quark untermengen. Mehl und Backpulver mischen und
unterrühren. Danach Zitronensaft dazugeben.
Die Napfform ausfetten, den Teig einfüllen und den Kuchen
ca. 60 Min. bei 175 °C backen.
Nach dem Backen den Kuchen auf ein Kuchengitter stürzen und
abkühlen lassen.

Danach mit Puderzucker bestreuen.

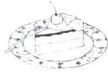

Linzer Torte

*400 g Mehl, 400 g ger. Mandeln, 3 Eigelb, 250 g Butter,
150 g Zucker, 1 Pck. Vanillezucker, 1 Prise Zimt,
einige Tropfen Zitronenaroma, 150 g Johannisbeergelee,
1 Eigelb zum Einpinseln.*

*Aus den Mandeln, dem Mehl, den drei Eigelben, Butter, Zucker,
Vanillezucker, Zimt und Zitronenaroma einen Teig kneten. Diesen
in Folie wickeln und kühl stellen.
Die Hälfte des Teigs ausrollen und in eine gefettete Springform
geben. Einen Teigstreifen herstellen, aus diesem den Rand formen
und andrücken.
Den Boden mit Johannisbeergelee bestreichen. Den übrigen Teig zu
schmalen Streifen verarbeiten und rautenförmig verteilen. Den Teig
mit Eigelb einpinseln.*

Bei 175 °C ca. 60 Min. backen.

Macadamianusskuchen

Teig: 100 g Butter, 150 g Zucker, 4 Eigelb, 1 Pck. Vanillezucker, 1 TL Zimt, abgeriebene Schale einer halben Zitrone, 2 EL Zitronensaft, 1 EL Rum, 150 g Mehl, 2 TL Backpulver, 50 g Schokoladenpulver, 100 g Macadamianüsse, 4 Eiweiß,

Dekoration: 50 g Zucker, 100 g Kuvertüre (bitter), 50 g Macadamianüsse zum Bestreuen.

Butter schaumig rühren und Zucker, Eigelbe, Vanillezucker, Zimt, Zitronenschale, Zitronensaft und 1 EL Rum hinzufügen. Mehl und Backpulver zugeben. Schokoladenpulver und die grob geriebenen Macadamianüsse ebenfalls unterrühren. Eiweiße mit Zucker zu Eischnee schlagen – vorsichtig unterheben. Den Teig in eine gefettete Kastenform füllen und bei 175 °C ca. 45 Min. backen.

Die Kuvertüre im Wasserbad schmelzen und über den erkalteten Kuchen geben. Mit grob gehackten Macadamianüssen bestreuen.

Maitorte

1 Biskuitboden, 6 Blatt weiße Gelatine, 100 g Zucker,
250 ml Orangensaft, Saft einer Zitrone, 250 ml Sahne,
3 EL Waldmeistersirup, 250 ml Wasser, 2 Pck. weißer Tortenguss.

Gelatine in kaltem Wasser einweichen. Zucker, Orangen- und Zitronensaft verrühren. Gelatine ausdrücken, auflösen und unter den Saft rühren.
Sahne steif schlagen und untermischen, wenn die Masse anfängt zu gelieren. Alles auf dem Biskuitboden verteilen. 30 Min. kalt stellen.

Aus Wasser, 3 EL Sirup und Tortenguss einen Guss herstellen und den Kuchen damit überziehen.

Makronentorte

*7 Eiweiß, 250 g Zucker, Saft einer halben Zitrone,
500 g ger. Mandeln.*

Die Eiweiße mit dem Zucker und dem Zitronensaft so lange rühren,
bis die Masse steif ist.
Dann unter ständigem Rühren langsam nach und nach die
Mandeln hinzugeben.

In einer flachen Tortenform bei mäßiger Hitze schön gelb backen.

Mandelbutterkuchen

Teig: 500 g Mehl, 25 g aufgelöste Hefe, 80 g zerlassene Butter, 5 EL Zucker, etwas Zitronenaroma, 1 Ei, etwas Milch.

Belag: 200 g weiche Butter, grober Hagelzucker, Zimt, 100 g ger. Mandeln, Rosenwasser.

Aus Mehl, Hefe, Butter, Zucker, Zitronenaroma, Ei und Milch einen feinen Teig zubereiten. Diesen 15 Minuten gehen lassen und danach auf ein Backblech legen.
Mit Butter bestreichen und dann mit einer Mischung aus Hagelzucker, Zimt und geriebenen Mandeln bestreuen. Darüber etwas Rosenwasser sprühen.

Bei mittlerer Hitze ca. 45 Min. backen.

Mandelkuchen

300 g Zucker, 2 Eier, 675 g Mehl, 1 ½ Pck. Backpulver,
500 ml Buttermilch, 250 g geh. Mandeln, 150 g Zucker,
200 g Sahne.

Zucker und Eier schaumig rühren. Das gesiebte Mehl mit dem Backpulver mischen und zusammen mit der Buttermilch zur Ei-Zucker-Masse geben.
Alles gut verrühren.
Den Teig auf ein gefettetes Backblech streichen.
Mandeln und Zucker vermischt auf dem Teig verteilen.

Den Kuchen ca. 25 Min. bei 175 °C backen und sofort danach mit Schlagsahne genießen.

Mandeltorte für Eilige

100 g Butter, 175 g Zucker, 3 Eier, 4 EL Amaretto, 100 g Mehl, 100 g gem. Mandeln, 2 TL Backpulver, 25 Mandeln.

Butter und Zucker schaumig schlagen, bis der Zucker sich vollständig aufgelöst hat.
Die Eier, Amaretto, Mehl, 75 g gemahlene Mandeln und das Backpulver unterrühren.
Eine gefettete Springform mit den restlichen 25 g gemahlene Mandeln ausstreuen, den Teig hineingeben und glattstreichen. Die Mandeln enthäuten und auf dem Teig verteilen.

Im vorgeheizten Backofen bei 175 °C ca. 40 Min. backen.

Maracuja-Torte

1 Tortenboden (Fertigprodukt oder nach dem Rezept auf S. 174 selber backen), 1 Dose Pfirsiche, 2 Becher Sahne, 2 TL Sahnesteif, 2 TL Vanillezucker, Zucker nach Belieben, 2 TL Vanillesoße, 250 ml Maracujasaft, 1 Pck. Tortenguss.

Zuerst die Sahne mit Sahnesteif, Zucker und Vanillezucker steif rühren. Pfirsiche in Stückchen schneiden und unter die Sahne heben.
Die Masse auf dem Tortenboden verteilen, die Vanillesoße mit dem Saft und dem Tortenguss anrühren und gleichmäßig auf der Torte verstreichen.

Marmorkuchen

250 g Butter, 250 g Zucker, 1 Pck. Vanillezucker, 3 Eier,
400 g Mehl, 1 Pck. Backpulver, 1 Becher Crème fraîche,
200 g Blockschokolade (zartbitter), Puderzucker zum Bestreuen.

Butter schaumig schlagen, Zucker und Vanillezucker zugeben.
Die Eier hinzugeben. Mehl und Backpulver einrühren.
In die Hälfte des Teigs Crème fraîche einrühren, in die andere
Hälfte die geschmolzenen Schokolade.
Den Teig in eine gefettete Form geben und mit einer Gabel
durchziehen, um das Marmormuster herzustellen.

Bei 175 °C ca. 60 Min. backen.
Nach dem Erkalten den Kuchen mit Puderzucker bestreuen.

Mohnkuchen

Teig: 125 g Butter, 125 g Zucker, 1 Ei, 250 g Mehl, 1 Pck. Vanillezucker, 2 TL Backpulver.

Füllung: 500 ml Milch, Vanillepuddingpulver, 125 g Mohn.

Aus den Teigzutaten einen Mürbeteig herstellen. Aus der Milch und dem Puddingpulver einen Vanillepudding kochen.
Den Mohn mit kochendem Wasser überbrühen und ca. 10 Min. ziehen lassen. Dann das Wasser abschütten und den Mohn unter den Pudding rühren.
Die Hälfte des Teigs nun in eine Springform geben, den Pudding darauf verteilen und aus dem restlichen Teig eine Decke formen und über die Masse legen.

Den Kuchen ca. 60 Min. bei 175 °C backen.

Möhrentorte

250 g Butter, 375 g Zucker, 250 g ger. Möhren, 250 g ger. Nüsse, 6 Eier, 125 g Mehl,, ½ Pck. Backpulver, 1 Pck. Vanillezucker, 1 EL Rum, Schokolade für die Glasur, Marzipanmöhren oder Nüsse zum Verzieren.

Butter, Zucker und Eigelbe schaumig schlagen. Die übrigen Zutaten hinzufügen. Zum Schluss das steif geschlagene Eiweiß unterheben. In eine Springform füllen und bei 190 °C ca. 45 Min. backen. Abkühlen lassen und anschließend mit Schokoladenglasur überziehen.

Mit Marzipanmöhren oder Nüssen verzieren.

Napfkuchen

250 g Butter, 4 Eigelb, 1 EL Rum, ½ TL Vanille, 200 g Honig, 500 g Weizen, 1 Pck. Backpulver, 125 ml Milch, 4 Eiweiß, 3 gestrichene TL Kakaopulver, 3 EL Milch, 1 EL Honig.

Butter und Eigelbe schaumig schlagen, mit Rum, Vanille und Honig würzen.
Den fein gemahlenen Weizen mit dem Backpulver mischen und zusammen mit der Milch zur Buttermasse geben.
Nach gutem Verrühren die Eiweiße steif schlagen und vorsichtig unter den Teig heben.
Nach gutem Einfetten einer Napfkuchenform ⅔ des Teigs einfüllen.
Kakaopulver mit 3 EL Milch und dem Honig verrühren und mit dem letzten Drittel des Teigs mischen.
In die Form füllen und spiralförmig mit einer Gabel verrühren.

Die Form auf die unterste Stufe in den kalten Backofen schieben und bei 180 °C etwa 70 Min. backen.

Napfkuchen mit Kaffee

*5 Eier, 200 g Zucker, 100 g gem. Nüsse, 10 g Kaffee,
100 g ger. Schokolade, 50 g Mehl.*

*Die Eigelbe mit Zucker schaumig rühren.
Nüsse, Schokolade, Kaffee und Eischnee dazumischen. Schließlich
vorsichtig das Mehl dazugeben.*

*In einer gefetteten und mit Mehl bestreuten Form bei mäßiger
Hitze ca. 60 Min. backen*

Nusskuchen

100 g Butter, 200 g Zucker, 1 Pck. Vanillezucker, 4 Eier,
200 g gem. Nüsse, 125 g Mehl, 75 g Speisestärke,
½ Pck. Backpulver, 75 ml Milch.

Weiches Fett, Zucker, Vanillezucker und Eier schaumig rühren. Die gemahlenen Nüsse unter den Teig rühren. Mehl, Speisestärke und Backpulver mischen und abwechselnd mit der Milch in den Teig rühren.

Den Teig in eine gefettete Springform füllen und ca. 40 Min. bei 175 °C backen.

Nuss-Rum-Rosinen-Torte

Teig: 200 g Butter, 150–170 g Zucker, 1 Ei, 150 g gem. Nüsse, 120 g Mehl, 1 TL Backpulver.

Belag: 1 Tasse Rosinen, 2 Becher Sahne à 250 g, Rum.

Die Rosinen über Nacht in Rum tränken.
Aus den angegebenen Zutaten einen Teig herstellen und 3 Böden backen. 20 Min. bei 175 °C.
2 Becher Sahne steif schlagen (dabei etwas Sahne ohne Rosinen für den oberen Boden zurücklassen), mit den Rosinen vermengen und die Böden damit bestreichen. Die Böden dann übereinandersetzen. Den oberen Boden mit der übrigen Sahne ohne Rosinen verzieren.

Nusswaffeln

125 g Butter oder Margarine, 50 g Zucker, 3 Eier, 4 EL Milch, 75 g ger. Haselnüsse, 75 g Mehl. 1 Msp. Backpulver.

Die Butter oder Margarine schaumig schlagen und dann nach und nach die anderen Zutaten dazugeben, bis ein schöner Teig entsteht.

Den Teig in ein Waffeleisen geben und backen.

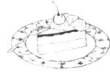

Obstkuchen

150 g Butter, 150 g Zucker, 200 g Mehl, 1 Ei, 1 TL Backpulver, Zimt, frisches oder gefrorenes Obst zum Belegen.

Aus Butter, Zucker, Mehl, Ei und Backpulver einen Rührteig herstellen. ⅔ des Teigs in eine Form füllen und das Obst auflegen. Den Restteig mit so viel Mehl, Zucker und Zimt mischen, dass er krümelt und auf das Obst geben.

40–50 Min. bei 180 °C backen.

Obsttorte mit Joghurt-Sahne

150 g Mehl, ½ TL Backpulver, 65 g Zucker, 1 Pck. Vanillezucker, 1 Ei, 65 g Butter, 1 Pck. Sahnesteif, 750 g Obst, 250 ml Wasser, 1 Pck. Tortenguss, 2 EL Zucker, 25 g geh. Mandeln zum Bestreuen.

Joghurt-Sahne: 250 ml Sahne, 2 Pck. Sahnesteif, 2 EL Zucker, 1 Becher Joghurt, 2–3 EL Zitronensaft.

Für den Teig Mehl und Backpulver in eine Schüssel sieben. Zucker, Vanillezucker sowie das Ei mit einem Teil des Mehls zu einem Brei verrühren. Die kalten Butterstücke dazugeben und alle Zutaten dann schnell zu einem glatten Teig verkneten.
⅔ des Teigs auf dem Boden einer Springform ausrollen. Unter den Rest zusätzlich 1 EL Mehl kneten. Einen etwa 3 cm hohen Rand an die Form drücken. Den Teigboden mehrmals mit einer Gabel einstechen.
Im vorgeheizten Backofen den Teig 15–20 Minuten bei mittlerer Hitze backen. Den ausgekühlten Tortenboden gleichmäßig mit Sahnesteif bestreuen.
Für den Belag gut abgetropftes Obst auf den Tortenboden legen. Den Tortenguss mit Wasser und Zucker anrühren und über das Obst geben. Für die Joghurt-Sahne die kalte Sahne eine halbe Min. schlagen, dann den mit Sahnesteif gemischten Zucker einstreuen, dabei die Sahne fast steif schlagen. Den Joghurt dazugeben – steif schlagen – und den Zitronensaft zugeben. Alles gleichmäßig auf dem Tortenguss verteilen. Mit Mandeln bestreuen.

Orangenkuchen

Teig: 175 g Butter, 175 g Zucker, 2 Pck. Vanillezucker, 3 Eier, 75 g Mehl, 150 g Speisestärke, ½ TL Backpulver, 5 EL Orangensaft.

Guss: 250 g Puderzucker, 4–5 EL Orangensaft.

Weiches Fett und alle Backzutaten in eine Schüssel geben und mit dem Handrührgerät gut verrühren. Kastenform mit Backpapier auslegen und einfetten.
Den Teig einfüllen und ca. 70 Min. bei 175°C backen.
In den noch warmen Kuchen mit einem Holzstäbchen Löcher stechen und mit Orangensaft beträufeln.
Puderzucker und Orangensaft verrühren und den erkalteten Kuchen mit dem Guss überziehen.

Ottilienkuchen

*250 g Butter, 200 g Zucker, 1 Pck. Vanillezucker, 4 Eier,
½ Flasche Rumaroma, 1 Prise Salz, 200 g Mehl, 50 g Speisestärke,
1 gestr. TL Backpulver, 100 g geh. Mandeln,
75 g geh. Schokolade, 50 g Zitronat.*

*Butter, Zucker und Vanillezucker schaumig schlagen.
Eier trennen, Eigelb unter den Teig rühren. Übrige Zutaten
hinzufügen, zum Schluss das steif geschlagene Eiweiß unterheben.*

*Teig in eine gefettete Backform füllen und 60 Min. bei mittlerer
Hitze backen.*

Panettone

600 g Mehl, 150 g Zucker, 250 ml Milch, 42 g Hefe, 200 g Butter, 2 Eier, 2 Eigelb, ½–1 TL ger. Zitronenschale, 100 g Zitronat, 100 g Orangeat, 150 g Rosinen, Puderzucker zum Bestäuben.

*Mehl, Zucker, Milch, Hefe, Butter, Eier, Eigelb und geriebene Zitronenschale zu einem glatten Teig verrühren.
Den Teig gehen lassen, bis sich das Volumen verdoppelt hat.
Nun Zitronat, Orangeat und Rosinen unterheben.*

*In die Panettoneform geben und im vorgeheizten Backofen bei 175 °C ca. 90 Min. backen.
Danach mit Puderzucker bestäuben.*

Pflaumenkuchen

Teig: 300 g Dinkelmehl, 100 g Hirsemehl, 2 Eier, 125 g Butter, 1 EL (oder mehr) Honig, ½ TL Vanillepulver, 1 TL Backpulver, eventuell etwas Mineralwasser.

Belag: Pflaumen, Zimt, gehobelte Mandeln, Sahne.

Aus den angegebenen Zutaten einen Mürbeteig herstellen und den Teig auf das Blech legen, Pflaumen verteilen und mit Zimt bestreuen. Mandeln und etwas süße Sahne mischen und auf die Masse geben.

20–30 Min. backen.

Gedeckter Pflaumenkuchen mit Slibowitz

125 g Butter, 125 g Zucker, 3 Eier, 1 Prise Salz, 1 TL Slibowitz, 250 g Mehl, ½ Pck. Backpulver, etwas Vollmilch, 700 g Pflaumen, Puderzucker zum Bestäuben.

Die Butter schaumig rühren. Zucker, Eier, Salz und Slibowitz hinzugeben und verrühren.
Mehl und Backpulver unterrühren, nach Bedarf etwas Milch hinzugeben. Den Teig in eine gefettete Springform füllen. Die entsteinten und halbierten Pflaumen auf den Teig setzen. Bei 175 °C ca. 45 Min. backen.
Nach dem Erkalten mit Puderzucker bestäuben.

Pumpernickel-Torte

*150 g Butter, 200 g Zucker, 6 Eigelb, 50 g gem. Mandeln,
50 g ger. Schokolade, etwas Zitronensaft, etwas Arrak, Koriander,
150 g getrockneter Pumpernickel, etwas Rotwein,
100 g Mehl, 6 Eiweiß, 1 Pck. Backpulver.*

Butter, Zucker und Eigelbe schaumig rühren. Mandeln, Schokolade, Zitronensaft, Arrak und Koriander hinzugeben und gut durcharbeiten.
Den getrockneten Pumpernickel zerreiben und mit etwas Rotwein anfeuchten. Unter die Masse mischen.
Aus den Eiweißen Eischnee schlagen und die Hälfte unter die Masse geben. Den Rest des Eischnees mit Mehl und Backpulver vermischen.

Den Teig in eine Springform füllen und bei 175 °C ca. 50 Min. backen.

Quarkstreuselkuchen vom Blech

*Teig: 250 g Butter, 200 g Zucker, 1 Pck. Vanillezucker, 1 Ei,
1 Prise Salz, 500 g Mehl, 1 Pck. Backpulver.*

*Füllung: 1 kg Quark, Saft einer halben Zitrone, 1 Ei,
100 g Zucker, 40 g Rosinen.*

*Die Butter schaumig rühren, Zucker, Vanillezucker, Ei, Salz,
Backpulver und Mehl unterheben.
Einen krümeligen Teig herstellen. Die Hälfte des Teig auf ein gut
gefettetes Backblech geben. Aus Quark, Zitronensaft, Ei, Zucker und
Rosinen die Füllung herstellen.
Den Teig damit bestreichen. Die übrigen krümeligen Streusel
darüberstreuen.*

Bei 175 °C ca. 45 Min. backen.

Quarktorte

500 g Quark, 190 g Zucker, 125 g Butter, 1 Pck. Vanillezucker, 4 Eier, 3 EL Grieß, ½ Pck. Backpulver, Saft einer halben Zitrone, Schale einer Zitrone.

Quark, Zucker, Butter und Vanillezucker verrühren. Eier trennen und die Eigelbe unter den Teig ziehen. Grieß, Backpulver, Zitronensaft und -schale unterrühren, steif geschlagenes Eiweiß vorsichtig unterheben.

Bei mittlerer Hitze goldgelb backen.

Rehrücken

*Teig: 100 g Butter, 150 g Zucker, 4 Eier,
100 g ger. Schokolade, 50 g Weizenmehl,
2 Pck. Schokoladenpuddingpulver, 6 g Backpulver, 2 EL Milch,
75 g geh. Mandeln oder Haselnusskerne.*

*Guss: 200 g Puderzucker, 30 g Kakao, 2–3 EL heißes Wasser,
25 g Kokosfett, 50 g Mandeln.*

*Butter, Zucker und Eier schaumig schlagen.
Schokolade, Puddingpulver, Mehl, Backpulver, Mandeln und
Milch hinzugeben, zu einem Teig rühren und in eine gefettete
Rehrückenform geben.
50–60 Min. bei schwacher Hitze backen.
Puderzucker, Kakao, Wasser und Kokosfett vermischen, den Kuchen
mit dem Guss überziehen und mit den Mandeln verzieren.*

Rhabarber-Krümeltorte

500 g Rhabarber, 500 g Mehl, 1 Pck. Backpulver, 250 g Zucker, 150 g Butter in Flöckchen, 2 Eier.

Den Rhabarber waschen, in Stücke schneiden und mit wenig Wasser kochen.
Mehl, Backpulver, Zucker, Butter und Eier in eine Schüssel geben und miteinander vermischen, bis sich Krümel bilden.
⅔ in eine gefettete Springform geben und andrücken.
Den Rhabarber darüber verteilen und die restlichen Krümel darüberstreuen.

Bei 200 °C ca. 60 Min. backen.

Riesenbrezel

*500 g Mehl, 2 EL Zucker, 1 EL weiche Margarine,
1 Pck. Trockenhefe, 300 ml lauwarme Milch.*

*Mehl, Zucker, weiches Fett und Trockenhefe in eine Schüssel geben. Alles mit der lauwarmen Milch zu einem Teig verkneten.
Den Teig zugedeckt in den Ofen stellen und 30 Min. lang bei 50 °C aufgehen lassen.
Den Teig nochmals kneten und daraus 2 Rollen formen. Die Rollen miteinander verdrehen und auf das gefettete Backblech legen.
Die Teigrollen zur Brezelform legen und bei 175 °C ca. 20 Min. backen, bis die Brezel goldbraun ist.*

Rosinenkuchen

500 g Mehl, 250 g Zucker, 250 g Margarine oder Butter, 3–4 Eier, 1 Pck. Backpulver, 200 g Rosinen, Vanillezucker.

Zutaten nacheinander zu einem glatten Teig verrühren. Den Teig in eine Napfkuchenform geben und im Backofen bei 150–160 °C ca. 70–80 Min backen.

Rote-Grütze-Kuchen

*Teig: 150 g Mehl, ½ gestr. Tl Backpulver, 65 g Zucker,
1 Pck. Vanillezucker, 1 Ei, 100 g Butter.*

*Belag: 1 Pck. Vanillepuddingpulver, 500 ml Milch,
1 Glas Sauerkirschen, 1 Glas Blaubeeren, 1 Dose Himbeeren,
1 Schälchen Johannisbeeren,
3–4 gehäufte EL Vanillepuddingpulver, Zucker nach Geschmack.*

*Aus den Zutaten einen Knetteig bereiten. Diesen in eine mit
Backpapier ausgelegte Springform geben. 20 Min. bei 200 °C
backen. Nach dem Backen den Springformrand nicht abnehmen.
Aus der Milch und 1 Pck. Puddingpulver einen Pudding kochen und
diesen auf den Boden geben.
Alle Früchte mit Saft in einen Topf geben und aufkochen lassen.
3–4 EL Puddingpulver in etwas Wasser auflösen und damit das
Obst andicken. Evtl. mit Zucker abschmecken. Diese Masse in die
Springform gießen.
Die Torte über Nacht in den Kühlschrank stellen.*

Rotweinkuchen

*300 g Mehl, 250 g Butter, 250 g Zucker, 4 Eier,
4 TL Backpulver, 125 ml Rotwein, 2 TL Kakao, 2 TL Zimt,
150 g Schokostreusel.*

*Butter, Zucker, Eier, Mehl und Backpulver gut durchrühren.
Zimt und Kakao hinzugeben.
Danach den Rotwein und zum Schluss die Schokostreusel
dazugeben.
Dann den Rührteig ca. 50–60 Min. bei 175 °C backen.*

*Ganz nach Belieben kann man den Kuchen nach dem Erkalten
noch mit einer Schokoglasur überziehen.*

Rührteigwaffeln

*300 g Butter oder Margarine, 250 g Zucker,
2 Pck. Vanillezucker, 5 Eier, etwas Zitronenaroma, 300 g Mehl,
etwas Milch.*

Die Butter oder Margarine schaumig schlagen und nach und nach die anderen Zutaten, außer der Milch, zugeben.
Nun soviel Milch zugeben, bis der Teig schwer reißend vom Löffel fällt.
Den Teig in ein gefettetes Waffeleisen geben und goldgelb backen.

Rumkuchen

Teig: 250 g Margarine, 250 g Butter, 1 Pck. Vanillezucker, 1 Pck. Backpulver, 125 g Speisestärke, 3 Eier, 375 g Mehl, 4 EL Milch, 80 g Kakao, 1 Röhrchen Rumaroma.

Guss: 300 g Puderzucker, 2 EL Rum, 2–3 EL heißes Wasser.

Margarine schaumig schlagen, die restlichen Zutaten nach und nach hinzugeben und verrühren.
Dann den Teig in eine ausgefettete Napfkuchenform geben und ca. 70 Min. bei 175–200 °C backen.
Puderzucker sieben, dann die Flüssigkeit für den Guss dazugeben.
Den dickflüssigen Guss sofort auf dem Kuchen verteilen.

Sachertorte

*100 g Butter, 100 g Puderzucker, 5 Eigelb,
1 Pck. Vanillezucker, 1 Prise Salz, 100 g Blockschokolade (bitter),
100 g Mehl, 1 TL Backpulver, 100 g gem. Mandeln, 5 Eiweiß,
100 g Aprikosenmarmelade, 250 g Zartbitterkuvertüre.*

*Butter schaumig rühren. Puderzucker und Eigelbe unterrühren.
Vanillezucker und Salz zugeben. Die Blockschokolade im
Wasserbad schmelzen und lauwarm unterziehen, dann das Mehl,
Backpulver und die Mandeln. Eiweiße zu Eischnee schlagen und
vorsichtig unterheben.
Den Teig in eine gefettete Springform füllen und bei 175 °C
ca. 60 Min. backen.
Den Boden abkühlen lassen, durchschneiden.
Die untere Hälfte mit Aprikosenmarmelade bestreichen. Die obere
Hälfte aufsetzen. Kuvertüre im Wasserbad schmelzen und damit
den Kuchen überziehen.*

S

Wiener Sachertorte

Teig: 6 Eier, 150 g Butter, 150 g Halbbitterkuvertüre, 100 g gem. Mandeln, 25 g Mehl, 1 TL Backpulver, 150 g Zucker.

Zum Bestreichen: 150 g Aprikosenkonfitüre.

Zum Überziehen: 75 g Zartbitterkuvertüre, 75 g Vollmilchkuvertüre.

Eier trennen. Margarine und Zucker schlagen, bis der Zucker vollständig aufgelöst ist. Eigelbe nach und nach zufügen und schaumig schlagen. Kuvertüre im heißen Wasserbad schmelzen und unter die Eimasse rühren.
Mehl, Mandeln und Backpulver mischen, auf die Creme sieben und unterrühren. Steif geschlagenes Eiweiß vorsichtig unterheben.
Springform fetten und mit Mehl bestäuben, Teig einfüllen.
Im vorgeheizten Backofen bei 175 °C ca. 70 Min. backen.
Auskühlen lassen.
Aprikosenkonfitüre schmelzen lassen und die Torte damit bestreichen.
Zartbitter- und Vollmilchkuvertüre hacken, schmelzen und die Torte damit überziehen.

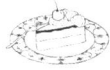

Sahne-Quarktorte

Teig: 150 g Butter, 50 g Zucker, 2 Eigelb, 1 Pck. Vanillezucker,
1 Prise Salz, 150 g Mehl, ½ TL Backpulver.

Creme: 3 TL Speisegelatine gemahlen (weiß),
3 EL Mandarinensaft, 250 g Sahnequark, 100 g Zucker,
Saft einer halben Zitrone, 2 Eiweiß, 250 ml Sahne,
1 kl. Dose Mandarinenscheiben.

Verzierung: Puderzucker, Mandarinenscheiben.

Fett, Zucker, Eigelbe, Vanillezucker und Salz schaumig schlagen, gesiebtes Mehl und Backpulver hinzufügen und alles zu einem Teig kneten.
Jeweils die Hälfte des Teiges auf einen gefetteten Springformboden streichen, den Boden mit einem Springformrand versehen und den Teig ca. 25 Min. bei mäßiger Hitze backen.

Nach dem Backen die beiden Böden noch heiß von der Platte lösen und einen Boden sofort in 12 oder 14 Tortenstücke schneiden.

Für die Creme Gelatine in Mandarinensaft auflösen und abkühlen lassen. Sahnequark mit Zucker, Zitronensaft und gelöster Gelatine gut verrühren.
Eiweiße und Sahne steif schlagen und Mandarinestückchen unter die Quarkcreme ziehen.

S

Den nicht zerteilten Gebäckboden in die Springform legen, den Rand mit Backpapier auslegen und die Quarksahnecreme auf den Boden füllen und glattstreichen.

Die zerteilten Gebäckböden auf die Creme legen.
Die Torte einige Stunden kalt stellen, bis die Creme schnittfest ist.
Anschließend die Torte mit Puderzucker und Mandarinenstückchen verzieren.

Sauerkirschtorte

200 g gem. Nüsse, 2 Eier, 1 TL Backpulver, Speisestärke, Sauerkirschen.

Nüsse, Eier und Backpulver zusammengeben und bei 200 °C ca. 20 Min. backen.

Die Sauerkischen mit dem Saft kochen und mit Speisestärke andicken. Den Boden abkühlen lassen und die noch warmen Sauerkirschen daraufgeben.

Schaumkuss-Torte

Boden: 1 Tortenboden (Fertigprodukt oder nach dem Rezept auf S. 174 selber backen).

Belag: 1 Karton Schaumküsse, 250 g Magerquark, Saft einer Zitrone, 2 Becher Sahne, 2 Pck. Sahnesteif.

Die Deckel der Schaumküsse abschneiden. Die Sahne mit Sahnesteif schlagen. Die Schaumküsse zerdrücken und mit Quark und Zitronensaft mischen. Die Sahne unterheben. Die Masse auf dem Tortenboden verteilen und mit den Schaumkussdeckeln verzieren.

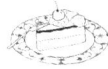

Schmandkuchen

Teig: 300 g Margarine, 200 g Zucker, 5 Eier, 2 Pck. Vanillezucker, 300 g Mehl, 1 Pck. Backpulver.

Belag: 2 Gläser Sauerkirschen, Stachelbeeren oder Pfirsiche, 3 Becher Schmand, 500 ml Milch, 1 Pck. Puddingpulver, 2 Pck. Tortenguss.

Margarine, Zucker, Eier, Vanillezucker, Mehl und Backpulver zu einem Teig verrühren und auf ein Backblech streichen. Den Teig 20 Min. bei 160 °C backen.

Aus Milch und dem Puddingpulver einen Pudding kochen und erkalten lassen. In den kalten Pudding 3 Becher Schmand einrühren und die Masse auf den vorgebackenene Boden streichen. Das Obst gut abtropfen lassen und auf dem Boden verteilen. Danach muss der ganze Kuchen noch einmal 10 Min. gebacken werden. Nach dem Erkalten den Tortenguss über den Kuchen geben.

Schokoladenkuchen

150 g Butter, 200 g Zucker, 3 Eier,
100 g gem. Haselnüsse, 150 g ger. Schokolade,
150 ml Milch, 300 g Mehl, ½ Pck. Backpulver, 1 Prise Salz.

Die Butter weich werden lassen. Zucker und Eier zugeben und schaumig rühren.
Haselnüsse, Schokolade und Milch zufügen und alles gut mischen.
Mehl, Backpulver und Salz mischen, zu der gerührten Masse sieben und ebenfalls gut verrühren.

Den Teig dann in eine gut gebutterte Springform einfüllen und im vorgeheizten Backofen 40–50 Min. bei 200 °C backen.

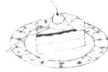

Schokoladen-Nusskuchen

250 g Margarine, 200 g Zucker, 4 Eier,
1 Schnapsglas Rum, 250 g Mehl, ½ Pck. Backpulver,
200 g gem. Haselnüsse, 100 g Zartbitterkuvertüre,
etwas Vollmich, 150 g Zartbitterkuvertüre zum Bestreichen.

Die Margarine schaumig rühren und Zucker, Eier und Rum
hinzugeben. Mehl und Backpulver unterheben.
Die gemahlenen Haselnüsse und die gehackte Schokolade zugeben.
Gegebenenfalls etwas Milch zugeben. Den Teig in eine gefettete
Napfkuchenform füllen.

Bei 175 °C ca. 60 Min. backen.
Den Kuchen stürzen, erkalten lassen und mit im Wasserbad
geschmolzener Schokolade bestreichen.

Schokoladen-Nusstorte

6 Eier, 200 g Butter, 200 g Zucker, 100 g Mehl,
1 Pck. Backpulver, 150 g ger. Schokolade,
125 g ger. Nüsse, 50 g ger. Schokolade zum Bestreuen.

Zuerst Eier, Butter und Zucker schaumig rühren.
Die anderen Zutaten zugeben. Dann 30 Min. bei 175 °C backen.
Danach die 50 g Schokolade sofort nach dem Backen auf die Torte streuen.

Schokolade-Nuss-Mandeltorte

Teig: 150 g Margarine, 150 g Zucker, 150 g Mehl,
100 g ger. Nüsse, 100 g ger. Mandeln,
150 g ger. Blockschokolade, 6 Eier, 1 Pck. Backpulver.

Füllung: 500 ml Sahne.

Zum Bestreuen: Schokoraspeln.

Aus den angegebenen Zutaten einen glatten Teig rühren. Aus dem Teig 4 einzelne Böden backen – bei 190 °C ca. 20 Minuten.

Zwischen die einzelnen Böden die Sahne füllen und zum Schluss den gesamten Kuchen mit der Sahne bestreichen.
Mit Schokoraspeln bestreuen.

Schwarzer Kuchen

75 g Margarine, 1 Ei, 1 Pck. Vanillezucker, 150 g Zucker, 200 g Mehl, 100 ml süße Sahne, 2 EL Kakao, 1 TL Natron, 1 Prise Zimt.

Alle Zutaten gut vermischen und ca. 70 Min. bei schwacher Hitze backen.

Schnelle Schwarzwälder Kirschtorte

Teig: 125 g Nüsse, 1 EL Kakao, 3 Eier, 100 g ger. Blockschokolade, 125 g Zucker.

Boden: 1 Mürbeteigboden.

Belag: 1 Glas Sauerkirschen, 1 Pck. Tortenguss, 6 Blatt Gelatine, 2 Pck. Vanillezucker, 1 TL Zucker, 1 Becher Sahne.

Zum Garnieren: 12 Kaiserkirschen, Raspelschokolade.

Nüsse, Kakao, Eier, Schokolade und Zucker miteinander verrühren und in eine mit Backpapier ausgelegte Form füllen.

Bei 150–175 °C ca. 15 Min. backen und in der Form abkühlen lassen. Kirschen auf dem Mübeteigboden verteilen und mit Tortenguss übergießen.
Schokoboden drauflegen und die mit Gelatine, Vanillezucker und Zucker steif geschlagene Sahne darauf verteilen.
Mit Raspelschokolade und Kaiserkirschen verzieren.

Schwarzwälder Kirschtorte

*Teig: 4 Eier, 2 EL lauwarmes Wasser, 200 g Zucker,
1 Pck. Vanillezucker, 2 TL Backpulver, 50 g Speisestärke,
150 g Weizenmehl, 1 EL Kakaopulver,
2 Tropfen Bittermandelaroma, 1 Msp. Zimt.*

*Füllung: 3 Becher Sahne, 1 Glas Sauerkischen (Schattenmorellen),
etwas Kirschwasser, 40 g Speisestärke,
200 g geraspelte Blockschokolade, 2 Pck. Sahnesteif.*

*Die Eigelbe mit dem warmen Wasser schaumig schlagen und nach und nach ⅔ des Zucker mit dem Vanillezucker zugeben. Danach so lange schlagen, bis eine cremige Masse entstanden ist.
Unter die Eigelbcreme die Gewürze rühren. Das Eiweiß zu Eischnee schlagen. Dann unter ständigem Rühren nach und nach den Rest des Zuckers zugeben. Den Schnee auf die Eigelbcreme geben. Darüber das mit Speisestärke, Kakao und Backpulver gemischte Mehl sieben.
Alles vorsichtig unter die Eigelbmasse ziehen.
Den Teig in die mit Backpapier ausgelegte Form füllen.*

Bei 180 °C ca. 40 Minuten backen.

*Für die Füllung ein Glas entsteinte Kirschen zum Kochen bringen, wobei man nach Geschmack Zucker hinzufügen kann.
Die Speisestärke mit etwas Wasser anrühren und dazugeben.
Durchkochen und erkalten lassen.
Dann das Kirschwasser zugeben. Den erkalteten Boden zweimal durchschneiden. Sahne halbsteif schlagen, Sahnesteif zugeben.*

Auf den unteren Boden die Kirschmasse geben, auf den mittleren die Sahne. Den oberen Boden und den Rand mit Sahne und geraspelter Schokolade verzieren.

S

Schweinekuchen

150 g Quark, 6 EL Milch, 6 EL Keimöl, 75 g Zucker,
300 g Mehl, 1 Pck. Backpulver, Zuckerperlen.

Quark, Milch, Keimöl und Zucker gut verrühren.
Die Hälfte des Mehls und das Backpulver unterrühren, restliches
Mehl unterkneten.
Tischplatte mit Mehl bestreuen und den Teig ausrollen.
2 große runde Scheiben ausstechen und 1 kleinere für die Nase.
Einen großen Kreis für die Ohren halbieren.
Diese mit der Schnittstelle zum Mittelpunkt der ersten Scheibe und
die kleine Scheibe in Rüsselhöhe andrücken.

Das Schweinchen ca. 20 Min. bei 175 °C backen.
Die Augen und Nasenlöcher mit Zuckerperlen andeuten.

Sekttorte

*Boden: 125 g Butter, 125 g Zucker, 3 Eier,
55 g Mehl (evtl. etwas mehr), 2 TL Backpulver,
125 g gem. Nüsse, 125 g Schokolade (gerieben), 1 TL Zimt.*

*Creme: 1 Piccolo, 1 Pck. Zitronenspeise (Aranca), 250 g Sahne,
1 Pck. Vanillezucker, 1 EL Zucker.*

*Butter schaumig schlagen, mit Zucker und Zimt verrühren.
Die Eier nacheinander dazugeben. Mehl und Backpulver
darübersieben und verrühren. Nüsse und Schokolade zugeben
und ebenfalls verrühren.
Bei mittlerer Hitze goldgelb backen.*

*Die Zitronenspeise mit dem Piccolo anrühren, Sahne schlagen
und alles mit Vanillezucker und Zucker vermischen.
Creme auf den Boden geben und glattstreichen.*

Einen Tag kalt stellen.

Pfirsich-Sekttorte

*1 Biskuitboden, 1 Dose Pfirsiche, 500 ml Sahne,
2 Pck. Sahnesteif, 2 Pck. Aranca-Pudding, 2 Piccolo Sekt.*

*Die Pfirsiche in Stückchen schneiden und auf dem Boden verteilen,
ein paar zum Verzieren zurückhalten.
Sahne mit Sahnesteif steif schlagen.
Puddingpulver mit Sekt anstelle des Wassers nach Vorschrift
anrühren.
Sahne unter den Pudding heben und auf den Boden geben.
Den Kuchen ca. 2–3 Stunden in den Kühlschrank stellen,
anschließend mit den Pfirsichen verzieren.*

Sherrykuchen

240 g Butter, 240 g Zucker, 1 EL Sirup, 4 Eier,
4 EL Milch, 2 Glässchen Sherry fino, 350 g Mehl,
1 TL Honigkuchengewürz, 1 TL Backpulver,
800 g gemischte, kleingeschnittene Trockenfrüchte,
100 g kandierte Kirschen, 100 g geh. Mandeln.

Butter schaumig schlagen. Zucker und Sirup hinzufügen und unterrühren. Ein Ei nach dem anderen einrühren. Milch und Sherry zufügen. Mehl, Honigkuchengewürz und Backpulver mischen, hineinsieben und unterrühren.
Danach Trockenfrüchte, kandierte Kirschen und Mandeln zugeben. Den Teig in eine gut gefettete Kastenform geben und im vorgeheizten Backofen bei 180 °C ca. 90 Minuten backen.
Danach aus der Form nehmen und erkalten lassen.

S

Stachelbeer-Krümeltorte

*250 g Mehl, 125 g Margarine, 100 g Zucker,
1 Pck. Vanillezucker, ½ Pack. Backpulver, 1 Ei,
frische Stachelbeeren.*

*Mehl, Margarine, Zucker, Vanillezucker, Backpulver und das Ei zu einem Teig verkneten.
⅔ des Teigs in eine gefettete Springfrom geben. Die Stachelbeeren darauf verteilen.
Den restlichen Teig mixen, bis er krümelig ist und die Teigkrümel dann über das Obst streuseln.*

Bei 220 °C ca. 50 Minuten backen.

Stefanietorte

*Teig: 160 g Eiweiß, 300 g Zucker, 40 g Maisstärke,
40 g ger. Haselnüsse, 30 g ger. Mandeln.*

Creme: 500 ml Sahne, 200 g Schokolade.

Zum Bestreuen: Schokoraspel.

*Eiweiß und Zucker zu festem Schnee schlagen.
Maisstärke, Haselnüsse und Mandeln unterziehen.
5 flache Böden bei 165 °C ca. 8 Minuten backen.*

*Sahne steif schlagen und die aufgelöste Schokolade einrühren.
Die Böden mit der Schokosahnecreme bestreichen,
aufeinandersetzen und die ganze Torte ebenfalls mit
der Creme einstreichen.*

*Mit Schokoraspeln bestreuen.
Vor dem Aufschneiden besonders gut kühlen.*

Streuselkuchen mit Quarkfüllung

Teig: 250 g Butter, 200 g Zucker, 1 Pck. Vanillezucker, 1 Ei, 1 Prise Salz, 500 g Mehl, 1 Pck. Backpulver.

Füllung: 500 g Quark, 1 Eigelb, 150 g Zucker, Saft einer halben Zitrone, 40 g Mehl, 50 g Rosinen.

Die Butter schaumig rühren. Zucker, Vanillezucker, Ei und Salz dazugeben. Das Mehl und das Backpulver so dazugeben, dass ein krümeliger Teig entsteht.
Die eine Hälfte des Teigs in eine gefettete Springform geben. Den Rand leicht hochdrücken.
Für die Füllung den Quark mit einem Trockentuch ausdrücken. Ein Eigelb mit Zucker schaumig schlagen, den Quark, den Zitronensaft, das Mehl und die Rosinen dazugeben.
Die Füllung auf den Boden geben. Den übrigen Teig darüber streuseln.

Bei 175 °C ca. 40 Min. backen.

Sultanskranz

*200 g Butter, 175 g Zucker, 1 Pck. Vanillezucker, 3 Eier,
250 g Mehl, 150 g Speisestärke, 3 gestr. TL Backpulver,
3 EL Milch, 150 g Rosinen, Puderzucker zum Bestäuben.*

Weiches Fett, Zucker, Vanillezucker und Eier gut verrühren. Mehl,
Speisestärke und Backpulver mischen und mit der Milch unter den
Teig rühren. Rosinen unter den Teig geben.
Den Teig in eine gefettete Springform mit Schornstein-Einsatz
geben und ca. 60 Min. bei 175 °C backen.
Mit Puderzucker bestäuben.

Teekuchen

Böden: 250 g Margarine, 250 g Zucker, 1 Pck. Vanillezucker, 5 Eier, 1 Flasche Rumaroma, 125 g Mehl, 125 g Speisestärke, 1 gestr. TL Backpulver, 1 Glas Aprikosenmarmelade.

Schokoladenguss: 125 g Kokosfett, 1 Ei, 3 EL Kakao, 1 EL Speisestärke, 3 EL Puderzucker, 3 EL Wasser, 1 Flasche Rumaroma.

Buttercreme: 175 g Butter, 500 ml Milch, 1 Pck. Vanillepuddingpulver, 1 Flasche Rumaroma, Zucker nach Geschmack.

Margarine mit Zucker und Vanillezucker schaumig schlagen, nach und nach die Eier hinzufügen. Rumaroma dazugeben.
Mehl mit Speisestärke und Backpulver vermischen und auf die Masse sieben. Unterrühren.
Aus diesem Rührteig 6 Böden wie folgt backen: 2–3 EL Teig auf den mit Backpapier ausgelegten Springformboden geben und ihn mit Rand backen.
Bei 200 °C ca. 5–7 Min. backen.

Für den Schokoladenguss Puderzucker und das Ei schaumig schlagen. Speisestärke, Kakao, Wasser und Rumaroma dazugeben. Das Kokosfett erhitzen, etwas abkühlen lassen und noch flüssig unter die Masse geben.

Für die Buttercreme erstmal Vanillepudding nach Vorschrift mit der Milch zubereiten, Rumaroma dazugeben und etwas abkühlen lassen. Butter schaumig schlagen und den Pudding löffelweise untermischen.
Die Böden abwechselnd mit Marmelade, Buttercreme und Schokoladenguss bestreichen.
Zum Schluss den ganzen Kuchen mit Schokoladenguss überziehen.

Der Kuchen muss 4 Tage ruhen.

Tiramisu-Torte

Teig: 3 Eier, 1 Prise Salz, 75 g Zucker, 1 EL Wasser, 50 g Mehl, 25 g gem. Mandeln.

Belag: ½ Tasse Espresso, 4 ml Amaretto, 125 ml Milch, 100 g Zucker, 1 EL Kakaopulver, 500 g Mascarpone, 5 Eigelb, 1 Blatt Gelatine, 100 g Löffelbiskuits, Kakaopulver.

Die Eier trennen. Die Eiweiße mit dem Salz zu steifem Schnee schlagen. Die drei Eigelbe mit dem Zucker und dem Wasser schaumig schlagen. Eischnee daraufgeben, Mehl und Mandeln darübersieben und alles vorsichtig unterheben.

Teig in eine gefettete Springform geben und bei 175 °C im vorgeheizten Backofen ca. 40 Min. backen.
Sofort mit einem Messer vom Rand lösen und auf einem Rost abkühlen lassen.
Milch, 1 EL Zucker und 1 EL Kakao vermengen und einmal kurz aufkochen lassen. Espresso und Amaretto dazugeben.

Mascarpone, den restlichen Zucker und Eigelbe gut miteinander verrühren und die aufgelöste Gelatine untermengen.

Die Hälfte der Flüssigkeit auf den Biskuitboden geben.
Die Hälfte der Creme auf den getränkten Boden geben und vertreichen, mit den Löffelbiskuits belegen.

*Mit dem Rest der Flüssigkeit tränken und die zweite Hälfte der Creme daraufgeben.
Bis zum Verzehr kühl stellen und kurz vor dem Servieren mit Kakaopulver bestreuen.*

Einfache Tiramisu-Torte

Boden: 1 Schoko-Biskuit-Tortenboden (Fertigprodukt).

Creme: 1 kl. Tasse Espresso, 500 g Mascarpone, 4 EL Zucker, 1 Eigelb, 1 EL Mandellikör.

Zum Bestäuben: 3 EL Kakopulver.

Den Tortenboden auf eine Tortenplatte legen und mit Espresso beträufeln
Mascarpone mit dem Zucker und dem Eigelb cremig rühren, dann den Mandellikör untermischen.
Die Creme auf den Tortenboden streichen und die Oberfläche dick mit Kakopulver bestäuben.

Toni-Kuchen

Teig: 200 g Butter, 250 g Zucker, 6 Eier, 250 g Mehl, ½ Pck. Backpulver.

Füllung: 250 ml Sahne, 100 g gem. Mandeln, 2 Eier, 75 g Zucker, 1 Pck. Vanillezucker.

Aus Butter, Zucker, Eigelben, Mehl und Backpulver einen Rührteig herstellen und Eischnee unterheben. In einer gefetteten Springform bei Mittelhitze ca. 50–60 Min. backen.
Die Zutaten für die Füllung unter ständigem Rühren zum Kochen bringen.
Schließlich den erkalteten Kuchen zweimal durchschneiden und mit der Masse füllen.
Nach Belieben den Kuchen mit Zuckerguss oder Ähnlichem bestreichen.

Tortenboden

*3 Eier, 60 g Puderzucker, ½ Pck. Vanillezucker,
1 TL Backpulver, 75 g Mehl.*

*Eier, Puderzucker und Vanillezucker gut vermischen.
Mehl und Backpulver untermischen.
Den Teig bei ca. 200 °C 10 Min. backen.*

Gefüllte Vanille-Johannisbeerschnitten

Teig: 500 g Mehl, 1 Pck. Trockenhefe, 1 Pck. Vanillezucker, 100 g Zucker, 1 Prise Salz, 1 Ei, 75 g zerlassene Butter, 250 ml lauwarme Milch.

Belag: 1 l Milch, 2 Pck. Vanillezucker und Sahnesteif, 2 Pck. Vanille-Puddingpulver (für je 500 ml), 160 g Zucker, 500 g Schlagsahne, 500 g rote Johannisbeeren, 40 g Puderzucker, 2 Pck. heller Tortenguss, 500 ml roter Johannisbeersaft.

Aus den Zutaten einen Hefeteig zubereiten und ca. 60 Min. an einem warmen Ort gehen lassen.
Aus Milch, Puddingpulver und 100 g Zucker einen Pudding kochen. Diesen abkühlen lassen.
Den Hefeteig durchkneten und dann halbieren. Eine Hälfte auf einem gefetteten Backblech ausrollen und den Pudding daraufgeben.

Den restlichen Teig genauso groß ausrollen und auf den anderen Teig geben.

Im vorgeheizten Backofen bei 180 °C 20–25 Min. backen, dann herausnehmen und abkühlen lassen.

V

*Sahne, Vanillezucker und Sahnesteif schlagen.
Johannisbeeren und Puderzucker mischen und mit der Sahne auf den Kuchen geben.
Guss mit Saft und 60 g Zucker nach Packungsanweisung zubereiten und über das Obst geben.*

Den Kuchen kalt stellen.

Waffeletten-Eierlikör-Torte

Teig: 3 Eier, 2 EL lauwarmes Wasser, 100 g Zucker, 100 g Mehl, 2 EL Kakaopulver.

Creme: 125 g Butter, 125 g Puderzucker, 1 Pck. Vanillezucker, 3 Eigelb, 250 ml Eierlikör, 1 Pck. Blattgelatine (weiß), warmes Wasser, 2 Becher Sahne, 3 Eiweiß, 2 Pck. Schokoröllchen (Waffeletten), Eierlikör, 100 g Zartbitterkuvertüre.

Den Teig herstellen, dazu die Eier mit etwas warmem Wasser schaumig rühren.
Den Zucker, das Mehl und das Kakaopulver unterrühren. Den Teig in eine mit Backpapier ausgelegte Springform füllen.
Bei 200 °C ca. 20 Min. backen.

Butter schaumig rühren, Puderzucker und Vanillezucker zugeben, Eigelbe und Eierlikör unterheben.
Die Gelatine einweichen, in etwas warmem Wasser auflösen, erwärmen und zu der Creme geben.

Kalt stellen.

Sahne steif schlagen, Eiweiße steif schlagen und zu der gelierenden Creme geben.

W

*Um den Boden einen Formrand stellen, etwas Creme einfüllen, die Waffeletten mit der Schokoseite nach oben kreisförmig am Rand anordnen.
Die übrige Creme einfüllen. Mit Eierlikörspritzern und geriebener Kuvertüre garnieren.*

Kalt stellen.

Gefüllte Walnusstorte

Teig: 180 g Butter, 150 g Zucker, 1 Pck. Vanillezucker, 4 Eigelb, Saft und Schale einer unbehandelten Zitrone, 1 Pck. Vanillepuddingpulver, 100 g Speisestärke, 100 g Mehl, 3 gestrichene TL Backpulver, 1 Tasse Milch, 4 Eiweiß.

Füllung: 3–4 EL Nutella, 200 g Walnusskerne, 225 g Aprikosenkonfitüre.

Guss: 175 g Puderzucker, 2 EL Sauerkirschsaft.

Butter, Zucker, Vanillezucker, Eigelb, Zitronensaft und -schale schaumig schlagen. Puddingpulver, Speisestärke, Mehl und Backpulver mischen und unterrühren. Milch zugeben. ⅓ des steif geschlagenen Eiweißes unterheben.
Die Hälfte des Teigs in eine mit gefettetem Backpapier ausgelegte Springform geben.
Im vorgeheizten Backofen bei 180 °C ca. 30 Min. backen.

Restliches Eiweiß unter die zweite Teighälfte heben. Den vorgebackenen Boden mit Nutella bestreichen und mit Walnusshälften belegen. Aprikosenkonfitüre darüberstreichen. Den restlichen Teig auf dem heißen Kuchen verteilen und weitere 30 Min. backen.
Für den Guss Puderzucker und Kirschsaft verrühren und den ausgekühlten Kuchen damit bestreichen.

Weihnachtsbrot

Teig: 150 g Butter, 250 g Zucker, 4 Eier, 2 TL Zimt, 1 Prise Salz,
50 g Kakao, 375 g Mehl, 3 gestr. TL Backpulver,
300 g geh. Nüsse, 150 g gewürfeltes Orangeat,
150 g gewürfeltes Zitronat, 125 g Korinthen.

Guss: 200 g Puderzucker, Saft einer Zitrone, evtl etwas Wasser.

Fett, Zucker und Eier schaumig rühren.
Zimt, Salz, Kakao und das mit Backpulver vermischte Mehl dazugeben. Zum Schluss Nüsse, Orangeat, Zitronat und Korinthen unterheben.
Den Teig auf ein gefettetes Backblech streichen und bei 190-200 °C 20–30 Min. backen.
Nach dem Backen aus Puderzucker, Zitronensaft und Wasser einen Guss bereiten, den Kuchen damit bestreichen und noch warm schneiden.

Wein-Gugelhupf

Teig: 4 Eier, 170 g Zucker, fein abgeriebene Schale einer halben unbehandelten Zitrone, 160 g Paniermehl und etwas zum Ausstreuen, Butter oder Margarine.

Zum Tränken: 250 ml leichter Weißwein, 70 g Zucker, abgeschälte Schale einer halben unbehandelten Zitrone, Saft einer halben Zitrone, Saft einer halben Orange, 1 kl. Stück Zimtstange, 2 Gewürznelken, 2 EL Orangenlikör.

Zuerst die Eier trennen und die Eigelbe mit der Hälfte des Zuckers und der abgeriebenen Zitronenschale schaumig rühren. Eiweiße steif schlagen und dabei den restlichen Zucker hineinrieseln lassen. ¼ des Eischnees unter die Eigelbmasse rühren, den Rest des Eischnees daraufgeben.

Paniermehl darüberstreuen und alles vorsichtig mit dem Schneebesen unterheben.
Den Backofen bei 180–190 °C vorheizen.

Die Backform mit Fett ausstreichen und leicht mit Paniermehl bestreuen. Die Biskuitmasse in die Form einfüllen und die Oberfläche glattstreichen
Dann bei 180–190 °C ca. 30–35 Min. backen.
Danach 10 Min. stehen lassen.

W

*Währenddessen Wein mit Zucker, Zitronenschale, Zitronen- und Orangensaft, etwas Zimtstange und Nelken aufkochen.
Das Ganze 2 Minuten ziehen lassen und dann den Orangenlikör hinzufügen.*

*Den Kuchen in eine tiefe Schale stürzen und die Flüssigkeit nach und nach über den noch heißen Kuchen füllen.
Den Gugelhupf auskühlen lassen.*

Adventlicher Zimtkuchen

*Teig: 250 g Mehl, ½ Pck. Backpulver, 150 g Butter,
75 g Zucker, 1 Prise Salz.*

*Belag: 2 Becher Sahne, 3 Eier, 50 g Zucker, 100 g ger. Walnüsse,
1 Pck. Orangeat, abgeriebene Orangenschale, 1 EL Zimt,
3 Zwiebäcke, 1 TL Backpulver.*

Zum Garnieren: 12 Zimtsterne, Puderzucker, Wasser.

*Aus Mehl, Backpulver, Butter, Zucker und Salz einen Mürbeteig
herstellen. Diesen ausrollen und in eine gefettete Springform geben.
Die Kanten etwas hochdrücken. Den Teig einstechen und im
Backofen bei 175 °C ca. 10 Min. backen.
Die Sahne mit den Eiern verquirlen, Zucker und Walnüsse,
Orangeat, abgeriebene Orangenschale, Zimt, den geriebenen
Zwieback und Backpulver hinzugeben.
Auf den Mürbeteig geben und bei 175 °C noch 45 Min. backen.
Nach dem Erkalten den Kuchen mit Zimtsternen garnieren, die mit
einer Puderzucker-Wassermischung befestigt werden.*

Zitronenkuchen

Teig: 250 g Butter, 1 Zitrone, 300 g Zucker, 5 Eier, 125 g Mehl, 125 g Speisestärke, 2 TL Backpulver.

Glasur: 200 g Puderzucker, 2–3 EL Zitronensaft.

Fett sahnig rühren, nach und nach Zitronensaft und geriebene Zitronenschale, Zucker und Eier dazugeben und verrühren.
Mehl mit Speisestärke und Backpulver mischen und portionsweise hineinarbeiten.
Den Teig in die gefettete Form füllen und ca. 60–70 Min. bei 175 °C backen.
Puderzucker mit kaltem oder warmem Wasser glattrühren, Zitronensaft einrühren. Die Glasur soll dickflüssig sein.
Nach dem Abkühlen des Kuchens mit der Glasur überziehen.

Zitronentorte

Teig: 200 g Butter, 100 g Zucker, 1 Pck. Vanillezucker, 3 Eier, 4 EL Wasser, 100 g Mehl, 100 g Speisestärke, ½ Pck. Backpulver.

Füllung: 125 g Butter, 125 g Zucker, 4 Eigelb, 2 unbehandelte Zitronen, 200 ml Sahne.

Guss: 250 g Puderzucker, 2 EL Zitronensaft, 1 TL heißes Wasser.

Fett, Zucker und Vanillezucker schaumig schlagen. Abwechselnd die Eier und das Wasser unterrühren, bis eine cremige Schaummasse entstanden ist.
Mehl, Speisestärke und Backpulver vermischen und in kleinen Mengen unter den Teig heben.
Eine Springform am Boden mit wenig Fett ausstreichen und die Teigmasse hineinfüllen. Glattstreichen. Die Form auf dem Rost auf der untersten Schiebeleiste bei 200 °C ca. 40–50 Min. backen.

Den Tortenboden aus der Form lösen und erkalten lassen. Den Boden nun mit einem scharfen Messer zweimal durchschneiden und bis zum Füllen nicht wieder aufeinanderlegen.
Für die Füllung die Butter in einem Topf vorsichtig schmelzen. Zucker hinzufügen und alles mit dem Mixer verrühren.
Bei schwacher Hitze weiterschlagen und nach und nach die Eigelbe unterrühren. Schale einer Zitrone abreiben und zugeben. Saft beider Zitronen auspressen und langsam unter die Crememasse rühren.

Z

Wenn die Masse dicklich wird und hochsteigt, den Topf vom Herd nehmen. Sahne steif schlafen und unter die Creme heben.
Die Zitronencreme kalt stellen.
Zwischendruch mehrmals umrühren, bis die Creme beginnt, fester zu werden.
Die Hälfte der Creme auf den unteren Boden streichen, den zweiten darauflegen. Restliche Creme vertreichen, mit der letzten Teigplatte abdecken.

Für den Guss Puderzucker, Zitronensaft und Wasser glattrühren, gleichmäßig über die Torte streichen. Die Torte sofort auf eine Tortenplatte setzen.
Eventuell noch mit kandierten Zitronenscheiben verzieren.

Zopfkuchen mit Guss

*200 g Butter, 200 g Zucker, 2–4 Eier,
½ Flasche Zitronenaroma, 500 g Mehl, 1 Pck. Backpulver,
125 ml Milch, 100 g Korinthen, 100 g Rosinen, 50 g Zitronat,
Schokoladenguss.*

*Butter, Zucker und Eier schaumig rühren.
Mehl und Backpulver zugeben und den Teig mit etwas Milch so flüssig machen, dass er schwer vom Löffel fällt.
Zitronenaroma, gereinigte Korinthen, Rosinen und klein geschnittenes Zitronat unter den Teig rühren.*

*Den Teig in eine gefettete Form geben und 50–65 Min. bei mittlerer Hitze backen.
Den Kuchen mit der Schokoladenglasur überziehen.*

Zwiebacktorte

Teig: 200 g Butter, 250 g Zucker, 8 Eier, 250 g Zwieback,
4 EL Sahne, ½ Pck. Backpulver, 2 EL Rum,
5 Tropfen Rum-Aroma.

Füllung: 250 ml Milch, 50 g Zucker, 1 Pck. Vanillezucker,
2 EL Speisestärke.

Butter, Zucker und Eigelb schaumig rühren.
Den Zwieback zerstoßen, mit der Sahne vermengen und zu der Eigelbmasse geben.
Backpulver, Rumaroma und Rum hinzufügen.
Den Teig in eine gefettete Springform geben und 40 Min. bei 180 °C backen.
Aus der Milch, dem Zucker, Vanillezucker und der Speisestärke einen dicken Pudding kochen und unter Rühren lauwarm abkühlen lassen.
Den abgekühlten Pudding esslöffelweise unter die Butter schlagen.
Dann die Puddingmasse in den Kuchen füllen.

An der Erstauflage aus dem Jahr 1997 im Rahmen des Leistungskurses Kunst des Kardinal-von-Galen- und des Immanuel-Kant-Gymnasiums in Münster Hiltrup unter der Leitung von Dr. Werner Bockholt beteiligt waren:

Dorit Becher
Andrea Buschmann
Franziska Erhart
Verena Hagedorn
Anja Korsten
Heiner Kühn
Anne Lübben
Conny Mamsch
Christian Nacke
Anke Niemann
Christine Prasse
Linita Reimann
Benjamin Rotermund
Susanne Schindler
Sebastian Siering
Patrick von Strenge
Silke Appenroth
Mareike Beumer
Thomas Böhmert
Friederike Dinter
Katrin Gloeckner
Sandra Löbbers
Stefan Schemmelmann
Beate Schenk
Daniel Wemhöner
Nicole Zacharzewski
Sabrina Maibaum
Ilka Herrigt

Register

After-Eight-Torte ... 9	Engeltorte ... 62
Amarettokuchen mit Kirschen ... 10	Erdbeertorte ... 63
Ambrosiatorte ... 11	Erdbeertorte im Quarkbett ... 64
Ananas-Marzipankuchen ... 12	Fächertorte ... 65
Ananastorte ... 13	Fantakuchen ... 66
Apfelkuchen ... 14	Flocken-Sahne-Torte ... 67
Feiner Apfelkuchen ... 15	Florentiner Mandeltorte ... 68
Gedeckter Apfelkuchen ... 16	Frankfurter Kranz ... 69
Münsterländischer Apfelkuchen ... 17	Französischer Kuchen ... 71
Kinderleichter Apfelkuchen ... 18	Frischkäse-Krümelkuchen ... 72
Rahm-Apfelkuchen ... 19	Frischkäse-Sahne-Torte mit Pfirsichen ... 73
Feiner Apfelkuchen mit Rahm ... 20	Frischkäse-Torte ... 75
Deftiger westfälischer Apfelkuchen ... 21	Frucht-Törtchen ... 76
Westfälischer Apfel-Streusel-Kuchen ... 22	Früchtegugelhupf ... 78
Apfelweintorte ... 23	Gewürzkuchen ... 79
Apfelsinenkuchen ... 24	Münsterländer Gitterkuchen mit Pflaumenmus ... 80
Einfacher Apfelsinenkuchen ... 25	Glühweinkuchen ... 81
Münsterländischer Apfelstrudel	Weihnachtlicher Glühweinkuchen
mit Pumpernickel-Sahne-Füllung ... 26	mit Pumpernickel ... 82
Münsterländische Appeltate ... 27	Haferflocken-Apfelkuchen ... 83
Aprikosenkuchen ... 28	Herzwaffeln mit Honig ... 84
Aprikosenstreuselkuchen ... 29	Himbeer-Kefir-Torte ... 85
Aprikosen-Marzipan Torte ... 30	Himbeer-Sahne-Torte ... 87
Aprikosen-Quark-Kuchen ... 31	Honigwaffeln ... 88
Versunkene Aprikosentorte ... 33	Ingwerkuchen ... 89
Baiser-Torte ... 34	Jamaica-Kuchen ... 90
Barbarakuchen ... 35	Joghurt-Sahne-Torte ... 91
Baumkuchen ... 36	Johannisbeerkuchen ... 92
Baumkuchentorte ... 37	Käsekuchen mit Rosinen ... 93
Bienenstich ... 38	Käsekuchen ohne Boden ... 94
Gedeckter Birnenkuchen ... 39	Klassischer Käsekuchen ... 95
Biskuitrolle mit frischen Erdbeeren ... 40	Käse-Sahne-Torte ... 96
Bischofsbrot ... 41	Kakao-Torte ... 97
Bischofstorte ... 42	Kalte Schnauze ... 98
Leichte Biskuittorte ... 43	Kirschkuchen ... 99
Blitzkuchen ... 45	Kirsch-Käse-Kuchen ... 100
Brottorte ... 46	Mandel-Kirschkuchen ... 101
Buchweizenwaffel ... 47	Einfacher gedeckter Kirschkuchen
Schneller Butterkuchen ... 48	mit Kirschwasser ... 102
Butterkuchen ... 49	Westfälischer Kirsch-Streusel-Kuchen ... 103
Münsterländischer Butterkuchen vom Blech ... 50	Saftige Kirschtorte ... 104
Champagnercremetorte ... 51	Kiwi-Torte ... 105
Champagner-Mango-Torte ... 52	Königskuchen ... 106
Cidre-Torte ... 54	Krabbeln ... 107
Raffinierte Eierlikörtorte ... 55	Krümelkuchen ... 108
Eierlikörtorte ... 56	Küsterkuchen ... 109
Klassische Eierlikörtorte (ohne Mehl) ... 57	Lichterkuchen ... 110
Eiskuchen ... 58	Linzer Torte ... 111
Elisabeth-Torte ... 59	Macadamianusskuchen ... 112
Engadiner Nusstorte ... 60	Maitorte ... 113

Makronentorte	114
Mandelbutterkuchen	115
Mandelkuchen	116
Mandeltorte für Eilige	117
Maracuja-Torte	118
Marmorkuchen	119
Mohnkuchen	120
Möhrentorte	121
Napfkuchen	122
Napfkuchen mit Kaffee	123
Nusskuchen	124
Nuss-Rum-Rosinen-Torte	125
Nusswaffeln	126
Obstkuchen	127
Obsttorte mit Joghurt-Sahne	128
Orangenkuchen	129
Ottilienkuchen	130
Panettone	131
Pflaumenkuchen	132
Gedeckter Pflaumenkuchen mit Slibowitz	133
Pumpernickel-Torte	134
Quarkstreuselkuchen vom Blech	135
Quarktorte	136
Rehrücken	137
Rhabarber-Krümeltorte	138
Riesenbrezel	139
Rosinenkuchen	140
Rote-Grütze-Kuchen	141
Rotweinkuchen	142
Rührteigwaffeln	143
Rumkuchen	144
Sachertorte	145
Wiener Sachertorte	146
Sahne-Quarktorte	147
Sauerkirschtorte	149
Schaumkuss-Torte	150
Schmandkuchen	151
Schokoladenkuchen	152
Schokoladen-Nusskuchen	153
Schokoladen-Nusstorte	154
Schokolade-Nuss-Mandeltorte	155
Schwarzer Kuchen	156
Schnelle Schwarzwälder Kirschtorte	157
Schwarzwälder Kirschtorte	158
Schweinekuchen	160
Sekttorte	161
Pfirsich-Sekttorte	162
Sherrykuchen	163
Stachelbeer-Krümeltorte	164
Stefanietorte	165
Streuselkuchen mit Quarkfüllung	166
Sultanskranz	167
Teekuchen	168
Tiramisu-Torte	170
Einfache Tiramisu-Torte	172
Toni-Kuchen	173
Tortenboden	174
Gefüllte Vanille-Johannisbeerschnitten	175
Waffeletten-Eierlikör-Torte	177
Gefüllte Walnusstorte	179
Weihnachtsbrot	180
Wein-Gugelhupf	181
Adventlicher Zimtkuchen	183
Zitronenkuchen	184
Zitronentorte	185
Zopfkuchen mit Guss	187
Zwiebacktorte	188